아담은 역사적 인물이 아닌가

합신 포켓북 시리즈 01
아담은 역사적 인물이 아닌가

초판 1쇄   2018년 5월 17일

발 행 인   정창균
지 은 이   김진수
펴 낸 곳   합동신학대학원출판부
주   소   16517 수원시 영통구 광교중앙로 50 (원천동)
전   화   (031)217-0629
팩   스   (031)212-6204
홈페이지   www.hapdong.ac.kr
출판등록번호   제22-1-2호
인 쇄 처   예원프린팅 (031)902-6550
총   판   (주)기독교출판유통 (031)906-9191

ISBN 978-89-97244-47-8
값 7,000원

「이 도서의 국립중앙도서관 출판예정도서목록(CIP)은 서지정보유통지원시스템 홈페이지(http://seoji.nl.go.kr)와 국가자료공동목록시스템(http://www.nl.go.kr/kolisnet)에서 이용하실 수 있습니다.(CIP제어번호: CIP2018013909)」

아담은 역사적 인물이 아닌가

김진수

합신대학원출판부

발간사

우리는 정통개신교신자들입니다. 정통개신교는 명실공히 종교개혁신학의 가르침과 전통에 서 있습니다. 그러나 우리의 신학은 단순히 개혁자들의 가르침들을 재진술하는 정도에 머물러서는 안됩니다. 전문신학자들의 사변적 논의와 신학교 강의실에만 갇혀있어서도 안됩니다. 그것은 평범한 신자들이 알아들을 수 있는 말로 현장의 그들에게 전달되어야 합니다. 그리고 그들이 현장에서 늘 경험하는 현실의 문제들을 말해주어야 합니다. 다른 말로 하면, 우리의 신학은 오늘의 현장에서 작동하는 것이어야 합니다. 이것은 개혁신학을 탐구하는 신학도들이 걸머져야 할 중요한 책임입니다. 우리는 "신학의 현장화"라는 말로 이것을 요약해왔습니다.

"합신 포켓북 시리즈"는 이러한 노력의 일환으로 합신이 펼치는 하나의 시도입니다. 현장에서 신앙인들이 직면하는 특정의 문제, 혹은 신학이나 성경의 주제를 이해하기 쉬운 일상의 말로 풀어서 분량이 많지 않은 소책자의 형식에 담았습니다. 모든 신앙인들이 관심 있는 특정의 주제를 부담 없이 접하고 어려움 없이 이해하여 현장의 삶에 유익을 얻도록 안내하려는 것이 이 시리즈의 목적입니다. 이 시리즈의 책들을 교회에서 독서클럽의 교재로 사용할 수도 있습니다. 담임목회자들은 교회의 특별집회의 주제로 이 책을 선정하여 성도들이 이 책을 읽고 집회에 참여하도록 할 수도 있습니다.

현장에서 작동하는 신학이 되어야 한다는 신념으로 합신의 교수들이 정성을 들여 펼쳐내는 "합신 포켓북 시리즈"가 이 나라 교회현장의 신앙인들에게 이곳저곳에서 큰 유익을 끼치게 되기를 기대합니다.

합동신학대학원대학교
총장 정 창 균

서문

창세기 1-3장의 기록은 성경계시의 모든 내용이 자라 나오는 씨앗이라고 해도 지나친 말이 아니다. 씨앗 속에는 장차 큰 나무에게서 그 모습을 충분하고도 완전하게 드러낼 모든 유전 정보들이 다 담겨있다. 그처럼 창세기의 첫 부분에 성경 전체를 통해 드러날 계시의 모든 내용들이 깊이 내재되어있다. 일례로 요한계시록 22장이 소개하는바 종말에 나타날 새 하늘과 새 땅의 모습은 창세기 2장에 묘사된 에덴동산의 그것과 유사하다. 이는 성경계시의 전체 내용이 유기적 통일체를 이룬다는 사실에 대한 뚜렷한 증거다. 히브리서가 마지막 날에 성도들이 누리게 될 영원한 안식을 창조의 일곱째 날에 있었던 하나님의 안식과 연결하는 것 역시 같은 증거에 해당한다(히 4:3-4). 그러므로 창세기 1-3장의 기록에 대한 올바른 이해는 전체 성경계시의 올바른 이해를 위한 초석임에 틀림없다.

창세기 1-3장의 아담이 중요해지는 이유가 바로

여기에 있다. 아담을 어떻게 보느냐에 따라 인간에 대한 이해가 달라지고 역사를 바라보는 시각이 달라진다. 특별히 아담은 인류의 구속자이신 예수 그리스도와 모형론적 유비관계에 있다. 신약은 아담과 그리스도의 관계를 첫 사람과 마지막 사람이란 구도 속에서 설명한다: "기록된 바 첫 사람 아담은 생령이 되었다 함과 같이 마지막 아담은 살려 주는 영이 되었나니"(고전 15:45). 신약은 또한 그리스도 안에서 이루어진 구원을 아담 안에서 일어난 인류의 타락에 비추어 설명한다: "아담 안에서 모든 사람이 죽은 것 같이 그리스도 안에서 모든 사람이 삶을 얻으리라"(고전 15:22). 이런 말씀들은 신자들이 그리스도 안에서 얻은 구원의 선물을 올바르게 이해하고 참되게 누릴 수 있기 위해 아담에 대한 성경적 이해의 정립이 무엇보다 중요한 일임을 가르쳐준다.

그러나 근래에 아담에 대한 다양한 설명들이 나타

나면서 전통적인 기독교 신앙이 도전을 받고 있다. 아담은 역사적 인물이 아니라는 주장부터 인류역사 초기에 존재했던 인간 집단을 대표하는 한 사람이었다는 주장에 이르기까지 그 의견이 분분하다. 이런 의견들은 창조, 타락, 구속에 대하여 교회가 견지해온 전통적 신앙에 근본적인 수정을 요구하기에 심각한 도전이 아닐 수 없다. 이런 도전 앞에서 신자들이 해야 할 일이 무엇일까?

필자는 성경으로 돌아가 성경을 탐구하는 일이 곧 신자들과 교회가 힘써야 할 일이라고 믿는다. 성령의 감동으로 기록된 성경말씀을 성령의 조명하시는 은혜에 힘입어 바르게 해석하는 길만이 신자들의 신앙과 교회를 진리의 터 위에 굳게 세우는 첩경이다. 이 글은 인류의 첫 조상 아담을 성경이 가르치는 바대로 설명하고자 한 작은 노력의 결과물이다. 성경의 계시는 오류가 없고 완전하나 인간의 해석은 그렇지 못하다. 다만 보잘 것 없는 노력을 사용하시는 하나님의 크신 은혜에 의지할 뿐이다. 부족한 글을 소중한 포켓북 시리즈에 올릴 수 있도록 배려해주신 정창균 총장님께 깊이 감사드린다. 부디 이 글이 성경적인 아담이해를 정립하는데 사용되는 작은 도구가 되기를 바란다.

차례

_ 발간사 04

_ 서 문 06

1. 진화론의 도전 11

2. 새로운 아담 이해 17

3. 논점들과 해석 27

   3.1 오경의 저자 30

   3.2 창세기와 신화 45

   3.3 아담의 타락과 원죄 79

4. 성경의 권위 105

_ 참고문헌 112

진화론의 도전

1

"아담은 역사적 인물이 아닌가?" 이것이 이 책의 핵심 주제이다. 필자가 이 주제를 다루는 이유는 근래에 아담의 역사성에 대한 관심이 고조되기 때문이다. 역사적 아담은 아예 존재하지 않았다고 주장하는 신학자들이 있는가 하면,[1] 역사적 아담은 실재하였으나 인류의 생물학적 기원으로서 첫 인간은 아니었다고 주장하는 이들도 있다. 이들은 아담이 모든 인류를 대표하는 "원형적 인물"archetypal figure이었다고 주장한다.[2] 다른 입장을 취하는 사람들도 있다. 그들은 아담

---

1) 대표적인 학자로는 라무뤼(Denis O. Lamoureux)를 꼽을 수 있다. See 데니스 O. 라무뤼, "역사적 아담은 없다: 진화적 창조론," in M. Barrett/A. B. Caneday 엮음, 『아담의 역사성 논쟁』, 김광남 옮김(서울: 새물결플러스, 2015), 49-93.

2) 이 관점을 대표하는 학자는 월튼이다. See 존 H. 월튼 "역사적 아담은 있다: 원형적 창조론," in M. Barrett/A. B. Caneday 엮음, 『아담의 역사성 논쟁』, 김광남 옮김(서울: 새물결플러스, 2015), 131-176; id., *The Lost World of Adam and Eve. Genesis 2-3 and the Human Origins*

이 부족을 대표하는 족장으로서, 아담이 타락할 때 이 부족 구성원들도 같이 타락하였다고 생각한다.[3] 아담의 역사성과 관련하여 이런 관점들이 나오게 된 배경은 생명의 기원에 대한 현대 과학의 학설 "진화론" 때문이다. 결국 아담의 역사성에 대한 다양한 견해들은 창세기 1-3장에 대한 주해적, 신학적 탐구에서 출발한 것들이 아니다.

이 책에서 다루고자 하는 피터 엔스Peter Enns의 견해도 마찬가지다. 엔스는 복음주의자로 자처하면서 진화론을 신봉하는 구약학자다. 그는 아담을 인류의 시조로 이해하는 교회의 전통적 신앙을 거부하고 새로운 해석을 시도한다. 그의 해석에 따르면 창세기 1-3장에 소개된 아담 이야기는 사실상 인류의 기원에 대한 것이 아니라 포로기 후 이스라엘의 자기 이해에 해당한다. 엔스의 주장대로라면 창세기 1-3장은 세상과 인간의 기원에 대해 역사적으로나 과학적으로 믿을만한 기록을 제공하지 않는다. 이 본문의 기

Debate (Illinois: IVP Academic, 2015).

3) 미국 카버넌트 신학교의 구약학 교수인 콜린스(C. John Collins)가 이 견해를 취한다. See C. 존 콜린스, "아담은 있다: 오래된 지구 창조론," in M. Barrett/A. B. Caneday 엮음, 『아담의 역사성 논쟁』, 김광남 옮김(서울: 새물결플러스, 2015), 217-268.

록자도 그런 의도를 가지지 않았다. 창세기 1-3장은 포로기 후의 저자가 자신에게 익숙한 고대인의 세계 인식 방식에 따라 '이스라엘은 누구이며 이스라엘의 하나님은 어떤 분인가'와 같은 물음에 답하고자 한 글일 뿐이다. 따라서 이곳에서 인류의 기원에 대한 역사적, 과학적 정보를 얻으려 해서는 안 된다.

엔스의 주장은 한글로 번역된 그의 책 『아담의 진화』를 통해 한국의 독자들에게도 점차 알려지고 있다.[4] 그는 창세기 1-3장의 아담에 대한 교회의 전통적인 이해에 오류와 잘못이 있었다고 강하게 도전한다. 그의 주장은 정당한가? 이에 대한 검토와 평가가 절실하다. 엔스의 주장은 신앙과 과학을 조화시키기를 모색하는 기독교인과 목회자 및 신학자들에게 향후 적지 않은 영향을 미칠 것으로 예상된다. 현대의 시대정신은 진화론이 기원의 문제에 관한한 가장 적절한 설명을 제공한다고 믿기 때문이다. 그러므로 아담의 역사성을 부인하는 엔스의 주장이 성경적인지를 검토하는 것은 매우 시급한 일이다.

---

4) 피터 엔스, 『아담의 진화』, 장가람 옮김(서울: 기독교문서선교회, 2014). 원서: Peter Enns, *The Evolution of Adam. What the Bible Does and Doesn't Say about Human Origins* (Michigan: Brazos Press, 2012).

과학이론은 시대에 따라 변하기도 한다. 그것이 역사가 가르치는 교훈이다. 그러나 하나님의 말씀인 성경의 가르침은 변하지 않는다(사 40:8 참조). 그러므로 현재 유행하는 과학이론에 조화시키기 위한 성경해석은 처음부터 실패한 것이다. 가장 안전한 길은 우리의 해석이 얼마나 현재의 과학이론에 부합되는가를 묻기 전에 얼마나 성경의 가르침에 충실한지를 세심하게 살피는 일이다. 이런 성경해석이야말로 신앙과 과학을 포함하여 인간 삶의 다양한 질문들에 대하여 참되고 올바른 해결방향을 알려줄 수 있다. 그러므로 이 글의 관심은 이것이다. 진화론에 입각한 새로운 아담 이해는 창세기 1-3장의 아담 기사에 충실한가? 과연 아담은 역사적 인물이 아닌가?

새로운
아담 이해

2

논의의 편의를 위해 먼저 엔스가 제시하는 새로운 아담 이해가 어떤 것인지 이해할 필요가 있다. 엔스는 벨하우젠J. Wellhausen, 1844-1918에게서 집대성된 "문서설"Documentary Hypothesis에 따라 오경의 모세 저작을 부인하는 것으로부터 출발한다. 그는 벨하우젠의 가장 큰 공헌으로서 오경이 주전 이천 년 기의 모세의 글이 아니라 기록 또는 구전을 포함한 복합적인 문예 과정을 거친 포로기 후의 작품이란 가설을 꼽는다.[5] 엔스가 벨하우젠을 좇아 오경의 모세 저작을 부인하는 중요한 이유들 몇 가지를 소개하면 다음과 같다:[6]

1) 오경의 히브리어는 주전 일천 년 기의 히브리

---

5) Enns, *The Evolution of Adam*., 23.
6) Enns, *The Evolution of Adam*., 16, 24-25.

어 상태를 반영한다.
2) 오경에는 모세가 저자라는 주장이 없다.
3) 오경은 모세 이후의 시대를 가리키는 많은 내용들을 포함한다.
4) 오경에서 모세는 노아나 아브라함과 마찬가지로 과거의 한 인물로 그려진다.
5) 오경에는 여러 개의 중복기사들이 있으며, 이는 복잡한 문예역사를 암시한다.

이런 근거들을 내세우며 엔스는 오경이 포로기 후에 기록된 글이라고 주장한다. 엔스가 포로기 후를 오경의 기록 시점으로 주목하는 이유는 이때가 이스라엘 백성에게 자신들의 정체성에 관한 질문이 첨예하게 제기되었던 때라고 보기 때문이다. 나라의 멸망과 유배를 경험하는 가운데 그들은 "우리는 여전히 하나님의 백성인가? 우리는 하나님이 말씀하셨고 신실함을 보이셨던 그 옛 이스라엘과 여전히 연결되는가?"와 같은 질문들을 가지고 씨름하였으며, 이 질문들에 대한 답변이 곧 오경의 기록이었다는 것이다. 오경의 최종 기록자(편집자)는 전해져 내려온 자료들을 수집하고 업데이트하며 그것들에 새로운 내용을 첨가하는 등 편집 활동을 하였다. 그 의도는 "영광스러운 과거를 비참한 현재로 가져오는 것"이다. 엔스는 오경이 "바벨론 유수에 대한 반응으로 국가적 자기 인식의 한 시도"라고 규정한다.[7]

오경에 대한 이런 설명이 옳다손 치더라도 창세기의 창조기사에 대한 기존의 이해에 반드시 변경이 가해져야 하는 것은 아니다. 엔스의 주장처럼 후대의 어떤 저자(편집자)가 전해 내려온 자료를 사용하여 하나님의 백성으로서 이스라엘의 정체를 설명하였다고 치자. 그렇다고 해서 창조기사에 대한 이해가 달라져야 할 이유는 없다. 그것은 이스라엘 국가의 기원이 태초의 아담으로 소급된다는 사실을 알려주기 위한 기록으로 이해될 수 있다. 그러나 엔스는 전통적인 이해를 거부하고 더 급진적인 설명을 시도한다. 그는 '아담으로 소급되는 이스라엘 역사'가 아니라 '이스라엘의 역사 경험을 반영하는 아담 이야기'란 견해를 내세운다. 말하자면, 하나님의 은혜를 입었지만 잘못된 길을 고집하여 바벨론 유수를 겪은 이스라엘의 역사경험이 태고의 시대로 옮겨진 것이 곧 아담 이

---

7) Enns, *The Evolution of Adam.*, 28.

야기란 것이다.[8] 그가 이런 설명을 내놓는 이유는 진화론 때문이다. 아담 이야기를 인류기원에 대한 이야기로 보고자 한다면 진화론을 거부하거나 성경의 진정성을 포기해야 한다. 두 가지를 다 붙잡기 위해서는 아담을 새롭게 해석하는 길 뿐이다. 그러니까 엔스의 해석은 진화론과 성경을 모두 붙잡기 위한 노력의 일환인 셈이다.

엔스는 창세기 1-3장의 문학적 성격에 대해서도 나름대로 설명을 시도한다. 그는 창세기 1-11장이 고대 근동의 신화적 세계관과 "개념적 유사성"conceptual similarity을 보인다고 주장한다. 창세기 1장의 저자는 바벨론의 창조신화 '에누마 엘리쉬'Enuma Elish를 접하고, 그것을 모델로 삼아 이스라엘의 정체를 설명하는 나름대로의 이야기를 만들어내었다. 엔스가 이런 주장을 하는 이유는 창세기의 창조기사가 '에누마 엘리

---

8) 다음 인용은 엔스의 주장을 잘 나타낸다: "The Adam story mirrors Israel's story from exodus to exile. … This mirroring can hardly be coincidental. Adam in primordial times plays out Israel's national life. He is proto-Israel – a preview of coming attractions. This does not mean, however, that a historical Adam was a template for Israel's national life. Rather, Israel's drama – its struggle over the land and failure to follow God's law – is placed into primordial time. In doing so, Israel claims that it has been God's special people all along, from the very beginning." See Enns, *The Evolution of Adam.*, 66.

쉬'와 여러 면에서 유사성을 보인다고 생각하기 때문이다. 예를 들면 다음과 같은 것들이다:[9]

1) 두 기사 모두 '무에서 창조'creatio ex nihilo를 이야기한다기보다 혼돈에서 질서를 세우는 일을 묘사한다.
2) '에누마 엘리쉬'에서 혼돈의 상징인 여신 '티아맛'Tiamat은 창세기 1장에서 혼돈의 상징인 '트홈'Tehom과 언어학적으로 연결된다.
3) '에누마 엘리쉬'가 하늘의 물을 떠받치는 "장벽"barrier에 대해 말하듯이 창세기 1장은 하늘 위의 물을 지키는 '궁창'으로 불리는 "단단한 반구형 지붕"a solid dome에 대해 말한다.
4) 창조 날들의 순서가 유사하다: 궁창, 마른 땅, 발광체, 인간, 안식.

그렇다고 해서 창세기 1장이 '에누마 엘리쉬'의 단순한 모방이란 이야기는 아니다. 그 둘은 "유사한 개념세계"를 공유하지만 신들의 투쟁을 통한 창조를 이야기하는 에누마 엘리쉬와 달리 창세기 1장은 말씀에

---

9) Enns, *The Evolution of Adam.*, 39.

의한 창조를 이야기함으로써 하나님의 절대적 주권을 강조한다. 나아가 창세기 1장은 이스라엘의 하나님만이 참 신이라고 주장하는 "논쟁적 성격"polemical character을 갖는다. 창세기 1장과 2장의 관계에 관한 엔스는 문서설의 입장을 따르지는 않는다. 전통적으로 문서설은 창세기 1, 2장에 서로 다른 두 개의 창조기사가 들어 있다고 주장한다. 그러나 엔스의 주장은 다르다. 그는 1장이 "주권적인 한 분 하나님에 의한 전체 창조에 대한 이야기"라면 2장은 "특별히 이스라엘의 이야기에 초점을 맞춘다"고 주장한다.[10]

끝으로 중요한 이슈는 신학적인 것이다. 아담 이야기가 이스라엘 자신에 대한 것이라면 교회가 지금까지 믿어온 아담의 타락과 원죄 교리는 어떻게 되는가? 바울은 아담으로 인해 세상에 죄가 들어왔고, 아담 안에서 온 인류가 타락하였다고 가르치지 않는가? 엔스의 대답은 분명하다. 바울의 가르침은 1세기 팔레스타인 유대교의 맥락에서 재해석되어야 한다.[11] 인류의 타락과 원죄는 아담 기사의 원래 관심사가 아니다. 아담 기사는 포로기 후 이스라엘의 "자기

---

10) Enns, *The Evolution of Adam.*, 52.
11) Enns, *The Evolution of Adam.*, 127-131.

인식"self-definition에 대한 글일 뿐이다. 아울러 그것은 잠언과 같이 지혜와 성숙으로 나아가는 길을 가르치는 글이다.[12] 여호와를 경외함으로 율법을 준수하는 것이 참된 지혜이며 생명을 얻는 첩경인데, 아담 기사는 이스라엘 사람 각자에게 이 교훈을 주고자 한다. 엔스가 이처럼 아담 기사를 지혜의 관점에서 읽고 '창조-타락-구속-완성'의 구도에 입각한 구속사적 읽기를 거부하는 이유는 다음 몇 가지로 요약될 수 있다:

1) 아담으로 인해 세상에 죄가 들어왔다는 것이 구약의 관점이라면, 구약은 왜 이 중요한 사건에 대하여 그처럼 침묵하는가?[13]
2) 아담이 받은 죽음의 벌이 '영적인 죽음'spiritual death이라고 볼만한 근거가 없다. 아담의 죽음은 에덴동산에서의 추방과 관계된 육체적 죽음을 의미하며, 이는 이스라엘의 바벨론 유수를 죽음으로 묘사하는 에스겔의 설명과 일맥상통한다.[14]

---

12) Enns, *The Evolution of Adam.*, 88-92.
13) Enns, *The Evolution of Adam.*, 82-88.
14) Enns, *The Evolution of Adam.*, 67.

3) 가인이 아벨을 죽인 후 보복하는 자를 두려워한 것은 아담을 인류의 시조로 보기 어렵게 만들며, 이는 아담의 원죄에 대해 말하기 어렵게 만드는 요소이다.[15]

4) 노아를 가리켜 "의인이요 당대에 완전한 자라"고 묘사한 것으로 미루어 볼 때 모든 사람이 나면서부터 아담의 원죄를 물려받았다는 관점은 유지될 수 없다.[16]

---

15) Enns, *The Evolution of Adam.*, 67-68.
16) Enns, *The Evolution of Adam.*, 86.

논점들과
해석

3

앞에서 현재 일각에서 일어나고 있는 진화론적 관점이 어떻게 기존의 성경이해에 해석학적 도전을 걸어 오는지 확인하였다. 전통적으로 교회는 성경의 문학성을 충분히 고려하되 성경기록이 갖는 역사적 진리 주장을 매우 진지하게 받아들여 왔다. 하지만 현재의 형편은 그 두 가지를 함께 존중하는 신학적 평정 sobriety이 소실되고, 성경의 '문학성'이란 개념이 과학의 도전 앞에 지레 겁을 먹은 이들의 손쉬운 은신처로 변해가고 있는 안타까운 실정이다. 아담의 역사성을 부인하고 그의 이야기를 이스라엘의 이야기로 고쳐 읽어야 한다고 주장하는 엔스의 입장이 그 대표적인 예이다. 여기서는 엔스의 주장을 여러 증거자료들에 비추어 평가하고 바람직한 해석의 방향을 모색하고자 한다. 다루어야 할 주제들은 1) 오경의 저자, 2)

창세기와 신화, 3) 아담의 타락과 원죄, 세 가지이다.

3.1 오경의 저자

오경의 저자 문제에 관해 오랜 동안 많은 토론이 있어 왔다. 모세 저작을 인정하는 입장과 그것을 부정하는 입장으로 학자들의 견해가 나뉘어져있는 것이 현재의 형편이다. 여기서 그런 토론들을 다 소개할 필요는 없다. 이 글의 목적을 위해서는 엔스가 주장하는 몇 가지 사항만 다루어도 충분하다.

엔스가 오경의 모세 저작을 부인하는 이유 중에 하나는 언어학적으로 오경의 히브리어가 주전 일천 년 기의 히브리어 상태를 반영하기에 모세의 저작일 수 없다는 것이다. 현재 우리에게 전승된 히브리어 본문은 주전 일천 년 기에 아람어의 영향으로 만들어진 정방형체 알파벳으로 기록되어 있기에 엔스의 주장은 일리가 있어 보인다. 그러나 자세히 들여다보면 그의 주장은 오경이 포로 후기의 작품이란 전제(前提)에 따른 것임을 알 수 있다. 엔스는 오경이 포로기 후the postexilic period에 기록되었다는 나름의 해석학적 입장을 미리 가지고 오경의 언어현상을 설명하려고 한다. 하지만 오경의 언어현상에 대한 설명의 가능성은 열려 있다. 현재의 오경 형태는 주전 일천 년 기 이전, 말하자면 주전 이천 년대 후반에 기록되어 오랜 시간 전승되는 과정에서 언어의 변천과 아람어 등의 영향을 받은 결과일 수 있다. 엔스가 오경의 히브리어가 주전 일천 년 기의 히브리어를 반영한다고 주장하지만, 원래 히브리어는 자음만으로 기록되었다는 사실이 간과되어서는 안 된다. 이는 기록 당시(주전 이천 년대 후반)의 고대 히브리어와 후대(주전 일천 년 기)의 히브리어 사이에 변화가 크지 않았을 가능성이 많다는 의미다.[17]

오경의 히브리어 텍스트는 주전 이천 년 기에 '고대 히브리어 문자'로 기록되었던 글이 후대의 발전된 언어로 옮겨진 결과라고 여겨진다. 기원전 사천 년대 말부터 고대 근동에 문자가 발명되어 사용되었다는 것은 이미 잘 알려진 사실이다. 일찍이 메소포타미아에서는 기록문화가 발전하여 상업, 법률, 종교, 문학 등 다양한 분야에서 글들이 기록되었다. 주전 삼천 년대 말 수메르 왕 우르남무 Ur-Nammu, 2112-2094 B.C.가 남긴 소위 "우르남무 법전" "Codex Ur-Nammu"이 그 한 예

---

17) See G. L. Archer, Jr., *A Survey of Old Testament Introduction*, 2nd ed.(Chicago: Moody Press, 1974), 121. Cf. R, K. Harrison, *Introduction to the Old Testament* (Grand Rapids: Eerdmans, 1991), 206.

이다.[18] 기원전 이천 년대에는 "고대 근동 지방 전역에 걸쳐서 사람들은 상업이나 직업상의 목적으로 서기관이 되는 훈련이나 전문적인 필사가가 되는 훈련을 학교에서 받았다"고 한다.[19] 이집트의 아마나Tel el-Amarna에서 발견된 서기관들을 위한 연습용 토판들은 소위 '아마나 시기'the Amarna Age, 기원전 15, 14세기에 학생들이 서기관이 되기 위해 글쓰기 훈련을 받았다는 사실을 알려준다.[20] 모세는 이집트에서 태어나 바로의 궁전에서 교육을 받으며 성장했으므로 이집트어뿐만 아니라 당시의 국제 공용어lingua franca였던 아카드어Akkadian까지 능통하였을 가능성이 크다.

나아가 모세는 바로의 궁전에서 성장하면서도 어머니 요게벳의 양육을 받는 혜택을 누렸기에 모국어(고대 히브리어)에도 매우 익숙했으리라고 짐작된다(출 2:1-10). 이와 더불어 주목할 만한 사실은 기원전 이천 년대 초반에 가나안 지역(페니키아)에서 알파벳이 발명

---

18) See A. S. Van der Woude (ed.), *The World of the Bible*, trans. by S. Woudstra (Grand Rapids: Eerdmans, 1986), 223.

19) R. K. 해리슨, 『구약서론 I』, 류호준, 박철현 옮김(고양: 크리스챤다이제스트, 2007), 263.

20) See C. H. Gordon, *Before the Bible. The Common Background of Greek and Hebrew Civilizations* (New York: Harper & Row, 1962), 60; id., *The Ancient Near East* (New York: W. W. Norton, 1965³), 86.

된 일이다. 이 원시 가나안 문자에서 출발하여 그리스어와 라틴어를 비롯하여 오늘날 서구 언어의 알파벳이 발전되어 나왔다는 것은 인류 문명사에서 놀라운 일이 아닐 수 없다. 무엇보다도 알파벳의 발명은 그 편리성으로 인해 기록문화에 일대 변혁을 가져왔을 것이 분명하다. 사람들이 손쉽게 문자를 익혀 글을 쓸 수 있는 시대가 열린 것이다. 비록 후대에 발전된 형태이긴 하지만 원시 가나안 문자에 대한 증거는 주전 11세의 알파벳 연습용 도편ostracon, 주전 950년의 게제르 농민 칼렌다, 주전 840년경 모압 왕 메사의 비문 등에서 확인된다.[21]

여기서 특별히 시나이 반도의 터키옥(玉) 광산에서 발견된 소위 '원시 시나이 텍스트'the Proto-Sinatic texts를 언급할 필요가 있다. 이 텍스트는 알파벳 문자로 기록되었는데, 올브라이트W. F. Albright와 같은 학자는 그것의 기록연대를 기원전 1,500년경으로 잡는다. 히브리어 문법학자 왈트케B. K. Waltke에 따르면, 가장 초기단계에 구약의 본문은 이 '시나이 문자'로 기록되었다가 후대에 "고대 히브리어 문자"the paleo-Hebrew script로,

---

21) See E. Würthwein, *Der Text des Alten Testaments. Eine Einführung in die Biblia Hebraica* (Stuttgart: Deutsche Bibelgesellschaft, 1988⁵), 4-5.

그리고 다시 더 후대에 정방형체인 아람어 문자로 기록되었을 것으로 추정하기도 한다.[22]

이것이 우리에게 시사해주는 바는 무엇인가? 오경을 모세의 저작으로 보지 않아야 할 이유는 그 어디에도 존재하지 않는다. 현재 오경의 히브리어 텍스트는 주전 이천 년대에 모세에 의해 기록되어 크고 작은 여러 단계의 언어적 변천과정을 겪은 결과물이다.[23] 이 언어적인 '현대화' 과정에서 시대의 변천에 따라 독자들의 편의를 위해 요청되는 개정작업(예, 창 11:31; 14:14; 36:31)과 소위 '모세 이후의 것'post-Mosaica 으로 알려진 일부 내용들(예, 신 34:1-12)의 첨가가 이루

---

22) See B. K. Waltke, M. O'Connor, *An Introduction to Biblical Hebrew Syntax* (Winoa Lake: Eisenbrauns, 1990), 17.

23) 고대 히브리어 문자로 기록된 오경의 원본이 남아있지 않은 이유는 파피루스나 가죽 등을 보존하기에 불리한 팔레스타인의 기후 때문일 수도 있다. Cf. Waltke, O'Connor, *An Introduction to Biblical Hebrew Syntax*, 16. 그것은 또한 거룩한 문서를 관리하는 고대 이스라엘 사람들의 관습과 관련이 있을 수도 있다. 탈무드의 증언에 의하면 고대 이스라엘 사람들은 낡아서 손상된 두루마리들의 경우 외딴 곳에서 저절로 썩어 없어지도록 했다: "They should not be deposited in an unclean place but in a deserted spot where they decay of their own accord (Sefer Tora 5:14; Soferim 5:14-15)." See R. T. Beckwith, "Formation of the Hebrew Bible," in: Martin J. Mulder (ed.), *MIKRA. Text, Translation, Reading & Interpretation of the Hebrew Bible in Ancient Judaism & Early Christianity* (Michigan: Baker Academic, 2004), 61.

어졌다고 볼 수 있다.[24] 또한 모세에 의해 기록되어 성소에 보관되었던 글들이 후대의 사람들에 의해 수집되고 정리되어 오경이라 불리는 한 권의 책으로 엮어지게 되었을 가능성도 없지 않다(신 31:9-13 참조).[25] 어떻게 보든 언어학적 차원에서 모세를 오경의 원래 저자로 보지 말아야 할 이유는 없다.

엔스의 주장대로라면, 포로기 후의 이스라엘 백성은 "우리는 여전히 하나님의 백성인가? 우리는 하나님이 말씀하셨고 신실함을 보이셨던 그 옛 이스라엘과 여전히 연결되는가?"와 같은 질문을 던지며 정체성의 문제로 고심하였다. 이는 당시 이스라엘 백성들의 의식 속에 이미 자신들은 하나님의 백성이란 생각이 뚜렷이 자리 잡고 있었다는 의미이다. 그것이 아니라면 그들이 나라의 멸망이란 대 격변을 겪으면서도 자신들을 삼킨 거대한 다신교적 주변문화에 동화

---

24) Cf. E. J. Young, *An Introduction to the Old testament* (Michigan: Eerdmans, 1949), 45; R. B. Dillard, T. Longman III, *An Introduction to the Old Testament* (Michigan: Zondervan, 1994), 47.

25) Cf. R. K. Harrison, *Introduction to the Old Testament* (Michigan: Eerdmans, 1969), 538: "Quite possibly many of the small or isolated sections in the Hebrew text were committed initially to the priests for safekeeping, and only at a later period were the manuscript pieces assembled into some sort of mosaic and joined together into a roll."

되지 않고 구약에 기록된 대로 여호와 신앙을 지킨 것은 이해할 수 없는 일로 남고 만다. 나라의 멸망조차도 지워버릴 수 없었던 강한 정체성의 뿌리는 무엇이었을까? 오경을 떠나서는 그것을 설명할 길이 없다. 오경이 오랜 시간 구약 이스라엘 백성의 의식을 형성하고 그것에 자양분을 공급해온 토양이었다고 보아야 한다. 그래야만 모세의 율법에 근거하여 왕과 백성들의 잘못을 질타하였던 주전 8~7세기 선지자들의 메시지들이 타당성을 얻게 된다.[26)]

오경의 모세 저작을 문제시하기 위해 소위 '중복기사'doublets에 호소하는 것도 그다지 효력이 없다. '중복기사'란 유사한 이야기가 반복되는 현상에 대하여 비평학자들이 사용하는 용어인데, 대표적으로 남편이 아내를 누이라고 속인 이야기들이(창 12:10-20; 20:1-18; 26:6-11) 여기에 속한다. 비평학자들에 따르면, 이

---

26) Cf. O. 팔머 로벗슨, 『선지자와 그리스도』, 한정건 옮김(서울: 개혁주의신학사, 2007), 145: "신명기 신학이 모든 역사를 관장하는 것으로 볼 때에, 언약의 법은 이스라엘 선지자의 사역 이전에 있었어야 한다. 이 언약의 법은 모든 선지자의 메시지와 그들의 사역에 기초를 제공한다." 판 브럭헌에 따르면, 사마리아 오경의 존재는 사마리아인들이 유다와 갈등관계(왕국의 분열)에 들어가기 이전부터 오경을 경전으로 가지고 있었음을 보여주는 증거일 수 있다. See J. 판 브럭헌, 『누가 성경을 만들었는가』, 김병국 옮김(서울: 총신대학교출판부, 1997), 36.

들 소위 '중복기사'들이 서로 다른 출처(문서자료)에서 온 것이며, 따라서 그것들은 오경이 기나긴 문서형성 과정을 거친 것을 뒷받침하는 증거이다. 하지만 이런 관점은 성경의 형성과정에 대한 편견의 산물이라고 할 수밖에 없다.

지난 세기 후반에 활발해지기 시작한 구약연구의 문학적 접근법은 그간 역사비평학계에서 자료구분의 정당성을 입증해주는 증빙자료로 단골메뉴에 올랐던 소위 '중복기사'에 대하여 새로운 이해의 길을 열었다. 성경기록의 역사적 진정성을 평가절하하고 그것의 문예-예술적 차원만을 강조한다는 점에서 다분히 문제가 있으나, 알터 Robert Alter는 '유형-장면'type scenes이란 개념을 사용하여 중복기사가 자료의 복합성에 대한 증거가 아니라는 점을 나름 설득력 있게 설명하였다.[27] 알터의 설명에 따르면, '유형-장면'은 되풀이하여 나타나는 비슷한 유형의 사건이나 에피소드를 가리키는 말로서 고대의 히브리 저자들이 즐겨 사용하던 '문학적 관습'literary convention이었다. 이 설

---

27) See R. Alter, *The Art of Biblical Narrative* (New York: Basic Books, 2011²), pp. 55-78.

명의 타당성 여부에 대한 논의가 필요하겠지만,[28] 적어도 그것은 지금까지 역사비평학계에서 문서의 성장에 대한 증거로 여겨져 왔던 '중복기사'가 성경저자에 의해 의도적으로 사용된 문학적 장치일 수 있다는 사실에 대하여 새롭게 주의를 환기시켜 준다.

지금까지의 설명에서 드러나듯 엔스가 오경의 모세 저작을 부정하기 위해 예로 든 근거들은 하나같이 증거가 불충분하고, 추측에 지나지 않으며, 성경의 고유한 특성에 어두운 비평적 관점의 무비판적 답습일 뿐 그 이상은 아니다. 여기서 엔스가 간과한 사실 한 가지를 더 언급할 필요가 있겠다.

이스라엘이 시내산에서 여호와와 언약을 맺은 일을 소개하는 출애굽기 19-24장과 신명기의 내용이 고대 근동의 언약관습을 배경으로 하고 있다는 것에 대하여 학자들은 대체로 의견의 일치를 보인다. 1931년에 출간된 책 『힛타이트 국가조약들』Hethitische

---

28) 소위 '중복기사'를 단지 역사성이 없는 예술적 창작의 하나로 보아야 한다는 생각 이면에는 한 사람이 비슷한 일을 두 차례 이상 되풀이하는 것(예, 아브라함이 사라를 누이로 속인 일, 창 12:11-20; 20:1-18)은 가상의 세계에서나 있을 법한 일이라는 판단이 자리하고 있다. 그러나 한 사람이 유사한 상황에서 같은 일을 되풀이하는 것은 결코 현실경험과 배치되는 일이 아니다. Cf. V. P. Hamilton, *The Books of Genesis Chapters 18-50* (NICOT) (Michigan: Eerdmans, 1995), 59.

Staatsverträge에서 코로섹K. Korosec은 주전 이천 년 기의 히타이트 종주권 조약이 다음 여섯 가지 내용으로 이루어져 있음을 밝혔다: 1) 전문(前文), 2) 역사적 서언, 3) 규정들, 4) 보관과 정기적 낭독에 대한 조항, 5) 증인 신들의 목록, 6) 축복과 저주. 멘덴할George E. Mendenhall이 잘 지적한 바와 같이, 출애굽기, 신명기, 여호수아에는 이와 같은 히타이트 종주권 조약의 형식이 발견된다.[29] 킷첸Kenneth A. Kitchen도 주전 이천 년 기 후반의 히타이트 조약문서와 시내산 언약이 놀라운 유사성을 보인다고 말한다.[30] 킷첸은 또한 시내산 언약이 형식상 주전 삼천 년대와 이천 년대 초반의 설형문자 법전과도 "예상할 수 있는 가장 가까운 연결고리"를 갖는다고 주장한다.[31]

---

29) See G. E. Mendenhall, "Covenant Forms in Israelite Tradition," *The Biblical Archaeologist* (1954), 58-60.

30) 출애굽기, 레위기, 신명기, 여호수아의 내용이 히타이트 조약문서와 형식상 얼마의 차이를 보이는 것에 대하여 킷첸은 그것들 자체가 공식적인 조약문서가 아니라 실제로 맺어진 언약과 그것의 갱신에 대한 "회고적 이야기"(retrospective narrative reports)이기 때문이라고 잘 설명한다. See K. A. Kitchen, "The Fall and Rise of Covenant, Law and Treaty," *Tyndale Bulletin* 40 (1989), 129-130.

31) 킷첸의 연구에 따르면, 이천 년 기 후반의 조약과 초기의 법전이 시내산 언약과 뚜렷한 일치를 보이는 반면 일천 년 기의 조약들과는 분명한 차이를 보인다: " ... there is no way of legitimate escape from the clear correspondences of late second-millennium treaties plus the early law codes with the Sinai covenant, *or* from the clear

이런 주장들에 비추어볼 때 오경이 주전 이천 년 기의 인물인 모세에 의해 기록되었다는 전통적인 관점은 더욱 설득력을 얻는다. 클라인Meredith G. Kline은 주전 이천 년 기의 히타이트 조약이 조약문서의 "고전적" 형태라고 부르며, "신명기가 이런 유의 문서발전에서 고전적 단계에 속한다는 것은 어떤 의심의 여지도 없다"고 잘라 말한다.32) 그는 이어서 "바로 여기에 위대한 대왕의 신명기 조약이 모세에게서 기원했다는 것을 입증하는 중요한 일차 증빙자료prima facie case가 있다"고 주장한다.

어떤 학자들은 신명기와 주전 일천 년 기의 신앗시리아 조약문서를 비교하며 전자가 후자의 영향을 받았다고 주장한다. 물론 주전 일천 년 기의 신-아시리아 조약문서에 신명기와 비교될만한 내용이 없는 것은 아니다. 언약 파기자에 대한 저주가 대표적이

---

differences between these linked corpora and the first-millennium treaties." See Kitchen, ibid., 128-129.

32) See M. G. Kline, *Treaty of the Great King. The Covenant Structure of Deuteronomy* (Michigan: Eerdmans, 1963), 43; id., *The Structure of Biblical Authority* (Michigan: Eerdmans, 1972²), 151. 클라인에 따르면 히타이트 종주권 조약에 비교되는 신명기의 언약구조는 다음과 같다: 1) 전문(1:1-5), 2) 역사적 서언(1:6-4:49), 3) 규정들(5-26장), 4) 축복과 저주 또는 언약 비준(27-30장), 5) 계승 준비 또는 언약 연속 – 증인, 보관, 공적 낭독(31-34장). See Kline, *Treaty of the Great King*, 28.

다. 그러나 이는 고대 바빌로니아까지 거슬러 올라가는 근동지역 "공통의 전통"이란 점을 잊어서는 안 된다.[33] 클라인은 다음 네 가지 이유를 들어 신명기의 언약구조가 신-아시리아 조약문서와 확연한 차이를 보인다고 강조한다:[34]

1) 주전 일천 년 기 조약문서와 주전 이천 년 기 조약문서는 시작부분이 다르다.
2) 주전 일천 년 기 '세파이어 조약'the Sefire treaties 에는 그보다 이른 시기의 조약문서들에서 두드러지는 축복규정들의 흔적만 남아 있다.
3) 주전 일천 년 기 '에살핫돈 조약'Esarhaddon's treaties의 규정은 주로 저주들로 이루어져 있다.
4) 주전 일천 년 기 조약문서에는 주전 이천 년 기 조약문서의 두드러진 특징인 역사적 서언이 나오지 않는다.

그러나 봐인펠트Moshe Weinfeld는 주전 일천 년 기

---

33) Kitchen, "The Fall and Rise of Covenant," 129; 성주진, 『사랑의 마그나카르타: 신명기의 언약신학』(수원: 합신대학원출판부, 2005), 65.

34) Kline, *Treaty of the Great King*, 42-43; id., *The Structure of Biblical Authority*, 150-151.

신-아시리아의 에살핫돈 조약에 나타나는 저주의 순서가 신명기 28장의 저주순서와 거의 동일하다는 점을 내세우며 신명기 편에서 아시리아 조약문서의 직접적인 차용이 있었다고 주장한다.[35] 그러나 신명기 28장의 저주순서와 에살핫돈 조약의 저주순서에는 다음과 같은 차이도 엄연히 존재한다:

1) 땅이 철이 될 것이란 저주가 신명기에서는 비교의 대상이 되는 다른 저주들(26-33절)보다 앞자리(23절)에 있는 반면, 에살핫돈 조약문서에서 그것은 다른 저주들(419-430)과 멀리 동떨어진 뒷부분(528-531)에 나온다.
2) 신명기에서 시체들이 새와 짐승의 먹이가 될 것이라는 저주는 비교의 대상이 되는 다른 저주들(26-33절)의 첫머리(26절)에 오지만, 에살핫돈 조약문서에서 그것은 다른 저주들(419-430)

---

[35] M. Weinfeld, "Traces of Assyrian Treaty Formulae in Deuteronomy," *Biblica* 46(1965), 423: "The fact, however, that both the subject matter and the sequence of maledictions in this section of Dt is identical with the parallel series of curses in the VTE attests that there was a direct Deuteronomic borrowing from Assyrian treaty documents." (참고: VTE는 '에살핫돈 봉신조약'(the Vassal-treaties of Esarhaddon)을 가리킨다)

중간에(425-27)에 위치한다.

3) 신명기에 나오는 소와 나귀와 양과 관련된 저주들(31절)은 에살핫돈의 조약문서에는 아예 나타나지 않는다.

4) 비교의 대상이 되는 저주문구들 사이에도 크고 작은 차이가 있다. 이런 차이점들은 어느 한 문서가 다른 문서에서 직접적으로 차용된 것이라고 보기 어렵게 만든다.

그러므로 신명기 28장의 저주가 에살핫돈의 조약문서에서 직접적으로 차용된 것이라는 봐인펠트의 주장은 지나친 과장이라고 아니할 수 없다. 두 문서 사이에 어느 정도 유사점들이 있는 것은 사실이다. 그러나 이 유사점들은 "저주가 고대근동의 공통적인 문화유산"임을 고려하면 이해될 수 있는 문제이다.[36] 봐인펠트 자신도 인정하듯이 에살핫돈의 조약문서에 나오는 저주의 내용은 고대 바빌로니아 시대까지 거슬러 올라갈 정도로 고대 근동지역에서 오랫동안 널리 알려져 있었다. 신명기 기록자가 이런 문화적 맥락으로부터 고립되어 있었다고 볼 수는 없기

---

36) 성주진, 『사랑의 마그나카르타: 신명기의 언약신학』, 65.

에, 그가 자신과 동시대인들에게 잘 알려진 언약저주의 형식을 빌려 여호와와의 언약을 파기하는 자들에게 임할 저주들을 언급하였으리라는 이해가 얼마든지 가능하다.

지금까지 살펴본 바를 정리하면 다음과 같다:

1) 모세오경의 히브리어는 주전 이천 년 기에 '원시 가나안 문자'로 기록된 글이 '현대화'의 과정을 거친 것일 수 있다. 그러므로 언어학적 차원에서 오경을 주전 이천 년 기의 모세의 글이 아니라고 주장할만한 근거는 없다.

2) 오경이 포로기 후 이스라엘 백성의 자기반성의 산물이란 관점은 순전히 추측일 뿐이다. 이스라엘 백성이 포로기 후의 상황에서 "우리는 여전히 하나님의 백성인가? 우리는 하나님이 말씀하셨고 신실함을 보이셨던 그 옛 이스라엘과 여전히 연결되는가?"와 같은 질문을 던지며 정체성의 문제로 고민하였다면, 이는 오히려 그들에게 이미 하나님의 백성으로서 정체성이 뚜렷이 형성되어 있었다는 증거이다. 우리가 보기에 그런 정체성을 형성하고 그것에 자양분을

공급한 토양이 바로 오경이다.

3) 종종 문서의 복잡한 성장과정에 대한 증거로 간주되는 소위 '중복기사'doublets는 어느 한 저자(모세)가 특별한 목적을 위해 의도적으로 사용한 문학적 장치라고 보아야 한다.
4) 오경에 들어있는 언약관련 내용과 주전 이천 년 기 후반의 히타이트 종주권 조약과의 내용적, 구조적 유사성은 오경이 주전 이천 년 기 후반의 한 저자(모세)에 의해 기록된 글임을 입증해준다.

3.2 창세기와 신화

19세기 중반부터 세상에 빛을 보기 시작한 메소포타미아의 설형문자 텍스트들은 고대 근동세계에 우주와 인간의 기원 및 홍수심판에 관한 신화들이 널리 퍼져 있었다는 사실을 알려준다. 대표적인 예를 들자면, 1850년 신아시리아 수도 니느웨의 아수르바니팔 도서관에서 발굴된 에누마 엘리쉬Enuma Elish와 길가메쉬 서사시the Gilgamesh Epic이다. 이 발견은 성경학자들에게 뜨거운 관심을 불러 일으켰고, 급기야는 구약성경 창세기의 창조기사와 홍수기사는 바벨론의 신화들을 모방한 것이거나 그것들의 영향으로 만들어진 것이라는 주장들까지 나오게 되었다. 이런 흐름에 편승하여 엔스 역시 창세기가 세상의 기원에 대하여 믿을만한 사실을 알려주는 역사기록이 아니라고 주장한다. 엔스에게 있어서 창세기의 창조기사는 고대인의 신화적 세계관이 지배하는 이스라엘의 자기이해에 대한 이야기일 뿐이다.

여기에는 두 가지 전제가 깔려있다. 하나는 에누마 엘리쉬가 구약성경 창세기보다 더 오래된 글이기에 창세기 1장의 무대가 된다는 생각이며, 다른 하나는 둘 사이에 그들이 속한 "문화적 틀"a matrix of cultural factors로 인한 유사성들이 존재한다는 생각이다.[37] 첫 번째 생각과 관련하여, 현존하는 에누마 엘리쉬 토판들은 모두 주전 일천 년 기에 만들어진 것이며, 작품의 창작시기 또한 그렇게 오래되지 않았다는 점에 주목할 필요가 있다.[38] 람베르트Wilfred. G. Lambert의 연구에 따르면,[39] 에누마 엘리쉬는 일러야 주전 1,100년경

---

37) Enns, *The Evolution of Adam*, 40.

38) See J. Walton, *Ancient Israelite Literature in Its Cultural Context. A Survey of Parallels Between Biblical and Ancient Near Eastern Texts* (Michigan: Zondervan, 1989), 21.

39) See W. G. Lambert, "A New Look at the Babylonian Background of Genesis," *Journal of Theological Studies* 16 (1965), 287-300.

에 만들어졌으며, 기존의 것에 여러 자료들이 덧붙여진 "복합물"compositum로서 바벨론이나 수메르의 규범적 우주론을 보여주기보다 "신화적 줄기들의 분파적, 비정상적 결합"의 성격을 갖는다. 이것이 잘 보존될 수 있었던 이유는 그것의 인기가 최고조에 달하였을 당시 도서관들이 만들어졌기 때문이다. 그러므로 고대성을 이유로 에누마 엘리쉬가 창세기에 영향을 주었을 것이라고 보는 것은 지나친 단순화이다. 대상(隊商)들의 활동이나 군사원정으로 인한 국제교류가 빈번하였던 당시 세계에서 영향의 방향을 확인하기란 사실상 쉽지 않다.[40] 게다가 창세기를 비롯한 모세

---

[40] Cf. Walton, *Ancient Israelite Literature in Its Cultural Context*, 36: "The point is that we are terribly ill-informed regarding the history of either Mesopotamian or biblical creation accounts. This makes the argument based on chronological sequence null and void. We cannot say for certain that the traditions preserved by the Israelites are any less ancient than the traditions preserved by the Babylonians." 람베르트는 표면상의 유사성을 들어 모든 것이 바벨론에서 기원했다고 보는 "범-바벨론주의"(pan-babylonism)의 문제점을 다음과 같이 지적한다: "Thus Babylonian civilization was a highly composite thing, and it is no longer scientifically sound to assume that all ideas originated in Mesopotamia and moved westwards. This is pan-babylonism. Parallels to Genesis can indeed be sought and found there, but they can also be thought and found among the Canaanites, the ancient Egyptians, the Hurrians, the Hittites, and the early Greeks. When the parallels have been found, the question of dependence, if any, has to be approached with an open mind." See Lambert, "The Babylonian Background of Genesis," 289.

오경이 주전 15세기 경에 모세에 의해 기록되었다는 사실도 중요하다. 이는 창세기가 에누마 엘리쉬보다 더 오래된 문서이며 후자가 전자의 영향을 받았을 가능성도 배제할 수 없다는 이야기다.

야콥슨Thorkild Jakobson은 에누마 엘리쉬가 우가릿의 바알 신화에서 영향을 받은 것이라고 주장하기도 한다.[41] 야콥슨의 설명에 따르면, 에누마 엘리쉬의 주인공 마르둑Marduk은 그 이름의 뜻이 '태양의 아들' 또는 '폭풍의 아들'인데, 우가릿 신화에서 '폭풍의 신'인 바알Baal에 상응하는 존재이다. 또한 바벨론의 창조신화에서 마르둑의 적수인 티아맛Tiamat은 바다의 신으로서 우가릿 신화에서 바알의 적수이자 역시 바다의 신인 얌Yam에 상응하는 존재이다. 그러므로 마르둑이 티아맛과 싸워 승리한다는 에누마 엘리쉬의 내용은 바알이 얌과 싸워 승리하는 우가릿 신화의 내용과 다르지 않다. 그런데 '폭풍의 신'이 '바다의 신'을 제압한다는 신화의 내용은 바다와 동떨어진 메소포타미아에서 생겨났다고 보기 어렵다. 오히려 지중해와 인접한 우가릿 지역이 그 같은 신화의 기원지로서 적합하

---

41) T. Jakobson, "THE BATTLE BETWEEN MARDUK AND TIAMAT," *JAOS* 88 (1968), 104-108.

다. 야콥슨의 이런 설명은 매우 설득력이 크다. 더 나아가 그것은 적어도 창세기의 내용을 바벨론 중심으로 설명하려는 시도가 얼마나 허약한 기반 위에 서 있는지를 확인시켜준다.

홍수기사도 예외가 아니다. 사실상 창세기의 홍수기사와 바벨론의 길가메쉬 서사시 사이에는 무시할 수 없는 유사성이 있다. 신/신들의 노여움을 산 인간이 홍수심판을 받게 되고, 한 사람이 배를 만들어 자신과 가족들과 동물들의 생명을 보존하고, 홍수가 끝나자 배가 산에 머물고, 살아남은 홍수의 주인공이 신/신들에게 제사를 드린다. 무엇보다도 홍수의 주인공이 물이 빠진 여부를 확인하기 위해 새들을 내보내는 것은 놀라운 유사점이라 아니할 수 없다. 그러나 길가메쉬 서사시 또한 남아 있는 사본은 모두 주전 750년 이후의 것이란 점을 고려할 필요가 있다.[42] 물론 이 서사시가 그보다 훨씬 이른 시기에 구전으로나 기록으로 이미 존재하였다는 것에는 의문의 여지가 없다. 하지만 이 서사시의 초기 형태에는 새에 관한 내용이 나타나지 않는다. 람베르트는 "가장 현저한 유사점에 대하여 남아있는 유일한 증거는 성경의

---

[42] See Lambert, "The Babylonian Background of Genesis," 292.

기록보다 더 늦은 것이다"라고 말한다.[43] 그러므로 길가메쉬 서사시가 창세기의 홍수기사의 영향을 받았을 가능성도 배제할 수 없다. 그것이 아니라면 두 기사 모두 과거에 있었던 거대한 홍수사건에 대해 나름대로의 기억을 보존하고 있는 것일 수도 있다.[44]

이제 구약성경과 바벨론의 신화들이 동일한 "문화적 틀"a matrix of cultural factors을 공유한다는 주장에 대하여 생각할 차례이다. 피터 엔스가 이 주장을 하였을 때 그가 염두에 두었던 것은 고대 근동의 신화적인 세계관이다. 즉 구약성경이나 바벨론의 문서들이 모두 신화적 세계관에 의해 지배받고 있다는 것이다. 그렇다면 신화적 세계관이란 어떤 것인가? 엔스에 따르면

---

43) Lambert, "The Babylonian Background of Genesis," 292.

44) 엔스 자신도 고대 근동의 홍수 이야기의 배경이 되는 실제 홍수가 있었을 가능성이 있다고 인정한다: "It does seem likely that there is a historical basis for the flood stories of the ancient Near east, perhaps the cataclysmic deluge in Mesopotamia around 3000 BC. The ancient Near Eastern stories in this case would be attempts to explain this great deluge from a religious point of view: "What happened between us and the gods to cause this?" See Enns, *The Evolution of Adam*, 53. Cf. A. R. Millard, "A New Babylonian 'Genesis' Story," *Tyndale Bulletin* 18 (1967), 18: "Granted that the Flood took place, knowledge of it must have survived to form the available accounts; while the Babylonians could only conceive of the event in their own polytheistic language, the Hebrews, or their ancestors, understood the action of God in it."

"원초의 시간"primordial time과 "현재의 시간"present time 이 서로 교차한다고 믿는 것이 신화적 세계관의 특징이다. 그는 이렇게 말한다:

> "우리가 아는 모든 고대 근동의 종교들은 이들 형성적인 원초의 신적 행위들formative primordial divine actions이 단지 과거에만 머무르지 않고 역사의 사건들 및 일상의 삶과 어떻게든 교차하는 것으로 믿었다. 예를 들면, 곡식들이 해마다 "나고 죽는 것"과 계절의 변화는 신이 죽었다가 살아나는 원초적 사건과 연결된다는 것이 일반적인 생각이었다. 고대의 예배는 사실상 원초적인 신의 행위와 현재 지상의 형편이 서로 교차하는 것을 기리는 일이었다."[45]

이와 유사하게 오스왈트John N. Oswalt는 현실세계를 이상적인 세계와 연결하려는 시도가 곧 신화라고 설명한다. 신화적 세계관에 속한 사람들에게 인간세

---

45) See Enns, *The Evolution of Adam*, 61-62, 차일즈(Brevard S. Childs)의 설명도 이와 유사하다: "Myth is a form by which the existing structure of reality is understood and maintained. It concerns itself with showing how an action of a deity, conceived of as occurring in the primeval age, determines a phase of contemporary world order. Existing world order is maintained through the actualization of the myth in the cult." See B. S. Childs, *Myth and Reality in the Old Testament* (SBT 27) (Eugene: Wipf & Stock, 2009), 29-30.

계는 신들의 세계를 어렴풋이 반영한다. 그들에게 관심사는 현실세계가 어떻게 이상적인 신들의 세계와 완벽하게 일치하게 할 수 있느냐이다. 이에 대한 답이 곧 신화이다. 고대인들은 신화를 이야기함으로써 이상세계와 현실세계의 연결이 이루어진다고 생각하였다. 신화의 내용을 제의ritual를 통해 재현하는 것은 더욱 효과적이다. 따라서 신화적 사고에는 역사history가 설 자리가 없다. '실재'reality가 현실세계에 있지 않고 이상적인 신들의 세계에 있다고 믿기 때문이다. 이러한 신화적 세계관 배후의 철학적 원리는 "연속성"continuity 또는 "상응"correspondence이다. 이 원리에 따르면 모든 것은 상호 연속적이다. 원초의 시간과 현재가 상응하며, 신들의 세계와 현실세계가 하나가 된다. 오스왈트의 설명을 더 들어보자:

> "신화는 그 전체근거에 있어서 우주 만물이 서로 연속적이라는 생각에 의존한다. 더 나아가 신화는 그 연속성을 현실화하기 위해 존재한다. 그러기에 신들에 대한 신화적 묘사는 언제나 그들을 철저히, 더욱 더 인간으로 그린다. 그들은 강하다; 그들은 약하다; 그들은 선하다; 그들은 나쁘다; 그들은 믿을만하다; 그들은 변덕스럽다. 인간의 모습 그것이 곧 신

들이다."[46)]

신화를 이렇게 정의할 때 분명해지는 사실은 구약의 내용은 신화와는 거리가 멀다는 것이다. 구약성경은 처음부터 끝까지 하나님의 절대적 초월성을 강조하기 때문이다. 구약성경이 계시하는 하나님은 말 그대로 "전적 타자"Wholly Other이다. 하나님은 다만 말씀으로 온 세상을 무(無)에서 유(有)로 이끌어내신 전능한 분으로서 세상과 전적으로 분리될 뿐만 아니라, 일체의 인간적인 것과 속된 것으로부터 분리되는 지극히 거룩한 분이다. 그렇다고 해서 하나님이 세상에 대하여 무관심하며 세상과 동떨어져 계시다는 의미는 아니다. 하나님은 세상에 관심을 가지고 역사에 개입하실 뿐만 아니라 세상을 자신이 의도하신 방향으로 이끄는 주권적 통치자이시다. 그러므로 구약성경에서 두드러지는 것은 역사에 대한 높은 관심이다. 구약을 펼치면 신화에서 흔히 볼 수 있는 혼란스러운 신들의 이야기가 아닌 시간과 공간 안에서 개인과 가정과 국가를 중심으로 펼쳐지는 장구하면서도 일관된

---

46) J. N. Oswalt, *The Bible Among the Myths. Unique Revelation or Just Ancient Literature?* (Michigan: Zondervan, 2009), 45.

역사의 서술을 만난다. 이는 역사에 무관심한 주변세계의 신화에서는 볼 수 없는 매우 독특한 현상이다.[47]

그럼에도 불구하고 엔스는 창세기를 포함하여 구약성경이 신화적 세계관에 의해 지배받고 있다고 주장한다. 그 이유는 원초의 신적 행위가 역사의 사건과 교차하는 현상이 구약에서도 나타난다고 보기 때문이다. 엔스는 시편 89편을 예로 든다. 이 시의 1-4절과 14-36절은 하나님께서 다윗과 더불어 맺은 언약에 초점을 맞춘다. 그 사이에 있는 5-12절은 창조주이자 바다의 가공할 괴물 "라합"을 제압한 하나님을 찬양한다. 이와 같은 시의 구성은 시인이 가진 신화적 관점을 반영한다. 그것은 다윗의 원수들이 패하는 역사의 사건은 원초의 시간에 하나님의 적("라합")이 패배한 일과 교차한다는 관점이다. 즉, 다윗의 적들이 패하고 그의 왕권이 흔들리지 않을 것이라는 시인의 확신은 다윗의 하나님이 "원초의 시간에 있었던 우주

---

[47] 오스왈트는 신화적 세계관이 역사에 무관심할 수밖에 없는 이유를 다음과 같이 설명한다: "If we have no real choices to make, if all our choices are preconditioned by our past, by our relation to the invisible world of the gods, by our relation to the stars, by our fate, or even by our genes, there is no reason to ask what a person has chosen to do or why they chose to do it." See Oswalt, *The Bible Among the Myths*, 113.

적 전쟁의 승리자"the victor in the cosmic battle in primordial time라는 생각에 근거한다는 것이 엔스의 시각이다.[48] 이 시각이 과연 옳은가?

엔스는 시편 89편에 등장하는 바다의 가공할 괴물 "라합"이 바벨론의 창조신화 '에누마 엘리쉬'에 나오는 바다의 신 '티아맛'Tiamat과 같은 존재라고 생각한다. 이는 시편 89편이 바베론의 창조신화처럼 '싸움에 의한 창조creation through combat라는 신화적 관점을 반영한다는 관점과 연결된다. 즉, 바벨론의 주신(主神) 마르둑Marduk이 그의 적수 '티아맛'Tiamat과의 싸움에서 승리한 후 세상의 창조에 나선 것처럼 여호와도 바다 괴물 "라합"을 물리친 후 세상을 창조했다는 것이다. 엔스에 따르면, 이런 신화적 관점이 시편 89편에 나타나고 있으며 동일한 신화적 우주관의 잔재가 창세기 1장에도 발견된다. 창세기 1장 2절에 언급된 '트홈'(Tehom, 히브리어로는 תהום이며 한글성경에는 "깊음"으로 번역됨)은 어원적으로 에누마 엘리쉬의 '티아맛'Tiamat 과 연결되는 바다괴물이라는 것이 엔스의 주장이다.

그러나 "라합"을 "트홈"과 연결하려는 시도가 옳은지는 따져보아야 할 문제이다. 구약에서 바다 괴

---

[48] Enns, *The Evolution of Adam*, 62.

물 "라합"이 언급된 곳은 모두 여섯 곳(욥 9:13; 26:12; 시 87:4; 89:10; 사 30:7; 51:9)인데, 이곳에서 "라합"은 원초의 시대에 있었던 어떤 가공의 괴물을 가리킨다기보다 지상의 한 나라를 가리키는 상징적 어법에 해당한다고 보는 것이 옳다. 예를 들면, 시편 87편 4절에서 "라합"은 "바벨론"과 나란히 언급된다:

"나는 라합과 바벨론이 나를 아는 자 중에 있다 말하리라 보라 블레셋과 두로와 구스여 이것들도 거기서 났다 하리로다."

이사야 30장 7절은 "라합"이 어떤 나라를 가리키는지 구체적으로 언급한다:

"애굽의 도움은 헛되고 무익하니라 그러므로 내가 애굽을 가만히 앉은 라합이라 일컬었느니라."

이사야 51장 9-10절에 사용된 심상들과 시적 표현들 역시 "라합"이 "애굽"을 가리키는 메타포임을 말해준다. 아래에서 볼 수 있듯이 9절에 언급된 "라합을 저미시고 용을 찌르신 이"가 10절에 묘사된 출애

굽 사건과 서로 평행을 이루기 때문이다:

"(9) 여호와의 팔이여 깨소서 깨소서 능력을 베푸소서 옛날 옛시대에 깨신 것 같이 하소서 라합을 저미시고 용을 찌르신 이가 어찌 주가 아니시며 (10) 바다를, 넓고 깊은 물을 말리시고 바다 깊은 곳에 길을 내어 구속 받은 자들을 건너게 하신 이가 어찌 주가 아니시니이까."

위에서 인용한 본문들은 모두 라합이 이스라엘에 적대적인 세상의 어떤 나라들(애굽이나 바벨론)을 가리키는 메타포로 사용되고 있음을 보여준다. 따라서 시편 89편 10절의 "라합" 또한 애굽을 가리키는 은유로 보는 것이 옳다. 9절의 "바다"와 "파도"는 출애굽 당시 이스라엘 백성이 건넌 홍해를 지시하는 말로 이해될 수 있다.[49]

"라합"과 함께 신화적 존재로 간주되는 "리워야단"에 대해서도 같은 설명이 가능하다. 우선 "리워야단"이 바다의 거대한 생물인 "탄닌"(Tannin, 히브리어로는 תנין이며 한글성경에서 주로 "용"으로 번역됨)과 동일시되고(시

---

49) 시 89:9: "주께서 바다의 파도를 다스리시며 그 파도가 일어날 때에 잔잔하게 하시나이다."

74:13, 14; 사 27:1), 나아가 "날랜 뱀"(the fleeing serpent, 히브리어로는 בָּרִחַ נָחָשׁ)으로 불린다는 점에 주목할 필요가 있다(사 27:1). 그런데 놀랍게도 이사야 51장 9절과 욥기 26장 12절에서 "라합" 또한 "탄닌"과 "날랜 뱀"으로 언급된다는 점이 주목할 만하다. 이것으로부터 "라합"과 마찬가지로 "리워야단" 역시 이스라엘에게 적대적인 한 국가(애굽이나 바벨론)를 가리키는 메타포임을 추론해 알기란 어렵지 않다.

물론, "리워야단"은 바다나 큰물에 사는 거대한 생명체로서 하나님이 지으신 실제 피조물이었을 가능성이 있다. 욥기 41장 1절과 시편 104편 26절은 "리워야단"을 하나님이 창조하신 바다의 생명체들 가운데 하나로 묘사한다. 그것이 "꼬불꼬불한 뱀"(사 27:1)으로 불리기도 하는 까닭에 뱀과 같이 파충류에 속하는 어떤 생물이었을 가능성도 없지 않다.[50] 어쨌건 "리워야단"이라 불린 바다/강의 거대 생명체가 하나님께 적대적인 세력을 가리키는 비유로 사용되었고, 이 과정에서 이 존재는 머리가 여러 개 달린 신비한 괴물로 그려

---

50) Cf. A. Heidel, *The Babylonian Genesis* (Chicago: Phoenix Books, 1951²), 105-107.

지기도 했다(시 74:14 참조).[51]

흥미로운 것은 우가릿의 라스 샤마라Ras Shamara에서 발견된 바알신화에서도 "리워야단"이 등장한다는 사실이다. 이곳에 언급된 "로단"Lothan은 언어학적으로 "리워야단"과 연결되며, "로단"이 "날랜 뱀"과 "꼬불꼬불한 뱀"으로 불리는 것 또한 그것이 "리워야단"과 같은 것임을 시사한다. 다음은 바알신화의 일부를 옮긴 것이다:

"네(바알을 가리킴-필자 주)가 날랜 뱀 로단을 죽이고
저 꼬불꼬불한 뱀 곧 일곱 머리를 가진 권세자를
멸하였을 때, 하늘은 힘을 잃고 가라앉았도다."[52]

위의 내용은 다음 이사야 27장 1절의 내용과 놀랍

---

51) 피얄(Robert S. Fyall)의 설명도 이와 유사하다. 그는 욥기에 나오는 베헤못(Behemoth)과 리워야단(Leviathan)이 자연세계와 초자연세계 모두에 속한다고 하며 다음과 같이 설명한다: "It is not that they *are* the hippopotamus and the crocodile, but that these beasts in their size, ferocity and untameable nature are evidence of that dark power rooted in the universe itself which shadows all of life" (강조는 그의 것). 이 인용문은 다음 글에서 재인용한 것이다: R. B. Chisholm, Jr., "'For This Reason': Etiology and Its Implications for the Historicity of Adam," *CTR* 10/2 (2013), 48.

52) See H. Ringgren, *Die Religionen des Alten Orients* (Göttingen: Vandenhoeck & Ruprecht, 1979), 220.

도록 유사하다:

"그날에 여호와께서 그의 견고하고 크고 강한 칼로 날랜 뱀 리워야단 곧 꼬불꼬불한 뱀 리워야단을 벌하시며 바다에 있는 용을 죽이시리라."

이 비교에서 "로단" 또는 "리워야단"이 고대 근동의 레반트 지역 사람들에게 널리 알려져 있었던 생물이었다는 추측이 가능하다. 이 생물이 워낙 가공할 만큼 무서운 존재였기에 당시 사람들은 그것을 더욱 기괴한 괴물로 양식화하여 바알과 대결한 신화적 존재로 만들었을 것이라고 생각해볼 수 있다. 이사야 선지자는 같은 존재를 하나님께 적대적인 이방세력 또는 그들 배후에 있는 악의 세력을 가리키는 메타포로 사용했던 것으로 보인다. 더 나아가 이사야 선지자는 당시 사람들에게 잘 알려져 있었던 우가릿의 신화시적mythopetic 표현을 하나님께 적대적인 세상나라를 묘사하기 위한 '수사적 수단'으로 사용했다고 볼 수도 있겠다.[53] 여기서 하이델Aexander Heidel의 설명을 소개

---

53) 오스왈트의 설명도 같다: "What we have is a self-conscious appropriation of the language of myth for historical and literary purposes, not mythical ones." See Oswalt, *The Bible among the Myths*, 93. 다

하는 것이 유익하다:

"한 편으로 전능하신 하나님과 다른 한편으로 라합, 리워야단, 그리고 이들을 가리키는 여러 가지 명칭들 사이의 싸움에 대해 이야기하는 구약 본문들에서, 관련된 용어들은 하나님과 그의 백성에게 적대적인 강대국들에게 적용되는 상징 언어figures of speech일 뿐이다."[54]

지금까지의 논의는 창세기를 포함하여 구약의 글들을 주변지역의 신화들과 비교한다는 것이 얼마나 근거가 없는 일인지를 보여주기에 충분하리라고 생

른 한편, 이사야 선지자가 리워야단을 가리켜 "뱀"(שָׁחָנ)이라고 하였을 때 그가 염두에 두었던 것은 창세기 3장의 "뱀"(שָׁחָנ)이었을 가능성도 없지 않다. 즉 이사야 선지자가 표면상 신화시적 표현과 유사한 표현("날랜 뱀," "꼬불꼬불한 뱀")을 사용하였을지라도 그 의도는 역사적 실재(인간을 유혹한 뱀과 하나님께 적대적인 국가들 배후의 세력)를 암시하기 위한 것이었다는 말이다. Cf. Chisholm, "Etiology and Its Implications," 48-49.

54) Heidel, *The Babylonian Genesis*, 108. 해리스(Laird Harris)는 구약성경에 등장하는 "라합"과 "리워야단"을 하나님을 대적하는 "사단"을 상징한다고 본다: "Rather Leviathan is the mythical monster mentioned in Ras Shamra and pictured on an old seal as having seven heads. It and probably also Rahab is symbolic of Satan, with whom God is implacable combat. Just as composite and unreal symbols are used in Ezekiel, Daniel, etc. of earthly kingdoms and heavenly beings, so Leviathan is used of Satan and he is denominated in Revelation 12." See L. Harris, "The BIBLE AND COSMOLOGY," *BETS* 5 (1962), 14.

각된다. 이제부터 살펴보고자 하는 것은 엔스가 창세기 1장과 관련하여 언급한 몇 가지 문제들이다. 엔스는 에누마 엘리쉬와 마찬가지로 창세기 또한 "무에서 창조"creatio ex nihilo가 아닌 "질서"order를 세우는 일에 주안점이 있다고 주장한다. 에누마 엘리쉬가 "무에서 창조"를 이야기하지 않는 것은 분명하다. 사실상 에누마 엘리쉬는 우주창조cosmogony보다 신들의 기원theogony에 더 초점을 맞춘다. 마르둑이 한 일도 창조creation라기보다 기존하던 물질의 조직organization에 더 가깝다.[55] 그러나 창세기는 처음부터 하나님이 우주만물을 무(無)로부터 창조하셨다고 밝힌다. 여기서 창세기 1장 1절의 동사 '바라'(bārā', בָּרָא)의 의미나 1-3절의 구문론적 관계에 대하여 논하는 것은 불필요한 일이라 여겨진다. 이와 관련해서는 이미 여러 주석가들과 학자들이 충분히 잘 설명하였다.[56] 중요한 것은

---

55) Cf. Walton, *Ancient Israelite Literature in Its Cultural Context*, 25: K. A. Matthews, *Genesis 1-11:26* (NAC 1A) (Nashville: B & H Publishing, 1996), 93.

56) Cf. E. J. Young, *Studies in Genesis One* (Philadelphia: Presbyterian and Reformed Publishing, 1964), 1-14; Heidel, *The Babylonian Genesis*, 89-96; G. J. Wenham, *Genesis 1-15* (WBC 1) (Nashville: Thomas Nelson, 1987), 11-15; V. P. Hamilton, *The Book of Genesis Chapter 1-17* (NICOT) (Michigan: Eerdmans, 1990), 103-108; Matthews, *Genesis 1-11:26*, 126-144; 김성수, 『태초에: 창세기 묵상 1』(용인: 마음샘, 2009), 24-25, 34-36.

창세기 1장이 존재하는 모든 것의 기원을 하나님의 창조에 돌린다는 사실이다.[57]

창세기 1장 2절의 '트홈'Tehom과 6-8절의 '라키아'(raqia, 히브리어로는 רקיע)에 대하여는 설명이 더 필요하다. 창세기 1장을 신화로 간주하는 이들은 '트홈'Tehom이 에누마 엘리쉬에서 '마르둑'의 적수인 '티아맛'Tiamat과 어원적 관련을 맺는다고 주장한다. 그들이 이렇게 주장하는 이유는 창세기에서 '트홈'Tehom

---

57) 1절의 "하늘과 땅"이란 표현은 "전체"(totality)를 가리키는 수사법(merism)으로 볼 수 있다. 학자들은 종종 창세기 1장이 다신교적인 주변문화에 대해 하나님의 절대주권을 강조하는 논쟁적 의도를 가진 글이라고 주장하기도 한다. 엔스 역시 이런 관점을 가지고 있다. See Enns, *The Evolution of Adam*, 41-42. 이 관점이 옳다면 창세기 1장은 더더욱 "무에서 창조"(*creatio ex nihilo*)를 가르친다고 보아야 한다. 이스라엘의 주변세계에선 처음부터 신과 물질이 함께 존재하였다는 관점이 일반적이었다. 이런 이교적 관점이 주변세계의 종교와 문화에 대해 거부감을 가진 창세기의 저자에 의해 그대로 수용되었다고 보기는 어렵다. 차일즈(Brevard S. Childs)는 창세기 1장의 저자가 "물질에 대한 하나님의 절대적 초월성"(the absolute transcendence of God over his material)을 강조한다고 옳게 설명한다. See Childs, *Myth and Reality*, 40. 킷천(Kenneth A. Kitchen)은 바벨론의 신화적 이야기가 비신화화 되어 구약의 이야기로 탈바꿈하였다는 생각은 방법론적인 면에서 오류임을 다음과 같이 지적한다: "In the Ancient Near East, the rule is that simple accounts or traditions may give rise (by accretion and embellishment) to elaborate legends, but not vice versa. In the Ancient Orient, legends were not simplified or turned into pseudo-history(historicized) as has been assumed for early Genesis." 이 인용문은 다음 글에서 따온 것이다: K. A. *Kitchen, Ancient Orient and Old Testament* (Illinois: InterVarsity Press, 1966), 89.

이라 일컫는 "깊은 물"("큰 물")이 궁창 위의 물과 궁창 아래의 물로 나누어지는 것은 에누마 엘리쉬에서 '티아맛'Tiamat이라 일컫는 "태고의 물"primordial waters이 둘로 분리되는 것을 반영한다고 보기 때문이다.[58] 그러나 이와 같은 비교는 과장된 것이다. 우선 에누마 엘리쉬가 '티아맛'Tiamat을 마르둑에 대항하는 여신(女神)으로 그리고 있으며, 마르둑이 이 여신의 죽은 몸을 둘로 쪼개어 그 절반으로 하늘을 만들었다는 것이 창세기의 내용과는 너무 동떨어졌다.[59] 창세기는 '트홈'Tehom을 결코 신적인 존재로 그리지 않으며, 이곳에는 '신들 끼리의 전쟁'이란 모티브가 전혀 나타나

---

58) 땅이 물에서 나왔다는 생각은 고대 그리스나 이집트에서도 찾아볼 수 있다. 그러나 메소포타미아에서 이 생각은 주전 2000년 전에는 알려지지 않았다고 한다. 게다가 메소포타미아에서는 에누마 엘리쉬 외에 어떤 전승들도 "물의 분리"에 대해서 이야기 하는 경우는 없으며, '신들 끼리의 전쟁을 통한 창조'라는 모티브도 흔하지 않다고 한다. 에누마 엘리쉬에서 이 두 가지가 함께 나타나는 이유는 그것이 "그다지 오래되지 않은 결합의 산물"(the result of conflation of no particular antiquity)이기 때문일 수 있다는 주장이 있다. See Lambert, "A New Look at the Babylonian Background of Genesis," 293-95. 아브라함이 메소포다미아 출신인 사실을 고려할 때 땅이 물에서 나왔다고 전하는 고대의 전승이 창세기와 에누마 엘리쉬에서 각각의 문화적, 종교적 틀에 조건 지어진 형태로 보존되고 있다는 추측도 조심스럽게 해볼 수 있다. Cf. Young, *Studies in Genesis One*, 88; Millard, "A New Babylonian 'Genesis' Story," 18.

59) See J. B. Pritchard(ed.), *The Ancient Near East. An Anthology of Texts & Pictures* (Princeton: Princeton University Press, 2011), 28-32.

지 않는다. 창세기에서 '트홈'Tehom은 말 그대로 "깊은 물" 또는 "거대한 물"로서 "하나님의 영"(רוּחַ אֱלֹהִים)의 통제 하에 있는 피조물의 하나로 그려질 뿐이다.

어원적으로 '트홈'Tehom이 '티아맛'Tiamat에서 온 것이라는 주장도 과장된 것이다. 카이저Walter C. Kaiser, Jr.가 잘 지적하였듯이 여성어미(-t)로 끝난 명사 '티아맛'을 어떻게 아무 어미(語尾)가 붙지 않은 히브리어 명사 '트홈'으로 전환시킬 수 있는지, 그리고 히브리어의 후음자음 "h"가 단어 사이에 끼어들어온 것을 어떻게 풀이할 수 있는지 설명이 곤란하다.[60] 킷천 Kenneth A. Kitchen에 따르면, 우가릿에서 주전 이천 년기 초엽에 '깊음'을 뜻하는 말로 thm이 사용된 것에서 미루어 알 수 있듯이 '트홈'은 "큰 물"을 뜻하는 "공통의 셈족 언어"common Semitic였다.[61] 그러므로 에누마 엘리쉬의 '티아맛'이 오히려 셈어에서 차용된 것이라는

---

60) See W. C. Kaiser, "A Literal and Historical Adam and Eve? Reflections on the Work of Peter Enns," *CTR* 10/2 (2013), 78; id., "The Literary Form of Genesis 1-11," in J. B. Payne (ed.), *New Perspectives on The Old Testament* (Waco: Word Books, 1970), 53.

61) See Kitchen, *Ancient Orient and Old Testament*, 89-90. 베스터만 (Claus Westermann)에 따르면 '트홈'은 셈어에서 일반적으로 "바다"를 뜻하는 말인 tihām-(at-)의 히브리어 형태이다. See C. Westermann, תְּהוֹם in E. Jenni/C. Westermann (Hrsg.), *Theologisches Handwörterbuch zum Alten Testament* Band 2 (Gütersloh: Gütersloher Verlag, 2004⁶), 1026.

헤리스R. Laird Harris의 주장이 더 설득력 있다.[62]

다음으로, 창세기 1장 6-8절의 '라키아'(*raqia*, 한글 성경에는 "궁창"으로 번역됨)에 대해 생각해보자. 엔스는 에누마 엘리쉬가 하늘의 물을 떠받치는 "장벽"barrier 에 대해 말하듯이, 창세기 1장은 하늘 위의 물을 지키는 "궁창"으로 불리는 "단단한 반구형 지붕"a solid dome에 대해 말한다고 주장한다.[63] 이와 더불어 엔스는 창세기의 우주관은 고대근동의 그것과 마찬가지로 "삼층으로 된 우주"a three-storied universe란 관점을 가졌다고 주장한다:

> "창세기는 다른 고대 세계의 이야기와 마찬가지로 세계를 둥근 천정이 덮인 납작한 원반으로 묘사했다. 땅 아래에는 궁창 아래의 물이 땅을 삼키려 하고 있고, 둥근 천정 위에는 궁창 위의 물이 땅에 쏟아질 기세로 위협하고 있다(창 7:11 참조). 창세기에 묘사된 성경의 세계관은 고대근동의 세계관과 동일하다."[64]

---

62) See Harris, "The BIBLE AND COSMOLOGY," 14. '티아맛'(Tiamat)의 여성어미(-at)가 남성명사 '트홈'(Tehom)에 첨가된 것이므로 언어학적으로도 후자가 더 오래된 원래 형태를 반영한다고 보아야 한다. See Heidel, *The Babylonian Genesis*, 100.

63) Enns, *The Evolution of Adam*, 39.

64) 피터 엔스, 『성육신의 관점에서 본 영감설: 최신 구약학이 복음주의 성경관에 주는 도전과 복음주의적 대답』 김구원 옮김(서울: 기독

사실상, 히브리어 사전BDB은 '라키아'*raqia*를 하늘 위의 물을 떠받치고 있는 "단단한 반구형 천장"으로 설명한다.[65] 이는 이 단어의 동사형(רקע)이 천막을 '펼치거나'spread out 금속 등을 '두들겨 펴는'beat out 것을 의미한다는 것에서 착안한 설명이다(신 28:23 참조). 욥기 37장 18절은 '하늘에 펼쳐진 구름'을 묘사하면서 히브리어 동사 '라카' רקע를 사용한다.[66] 시편 104편 2절은 하늘을 '펼쳐진 휘장'에 비기기도 한다(사 34:4 참조). 그러나 이들은 구름이나 하늘에 대한 과학적 설명이 아니라 시적, 비유적 표현이란 사실을 상기해야 한다. 기본적으로 '두들겨 펴다' 또는 '펼치다'의 의미

교문서선교회, 2006), 75. 소위 구약이 반영하고 있다는 "삼층으로 된 우주"는 종종 그림으로 설명되기도 한다. Cf. T. H. Gaster, "Cosmogony," in *The Interpreter's Dictionary of the Bible* Vol. 1 (Nashville: Abingdon Press, 1962), 703; 라무리, "역사적 아담은 없다: 진화적 창조론," 67; 엔스,「성육신의 관점에서 본 영감설」, 74.

65) BDB 956. Cf. HALAT 1203. See also P. H. Seely, "THE FIRMAMENT AND THE WATER ABOVE. Part II: The Meaning of" The Water above the Firmament" in Gen 1:6-8," *WTJ* 54 (1992), 31-46.

66) 개역한글성경과 ESV, NAB, NIV 등 영어역본들은 이 구절을 "하늘"에 대한 묘사로 간주한다. 그러나 이 구절의 히브리어 명사 스하킴 שׁחקים은 일차적으로 "구름"을 의미한다. 글의 문맥 또한 "구름"에 대해 말한다. Cf. N. C. Habel, *The Book of Job* (Old Testament Library) (London: SCM Press, 1985), 515. שׁחקים을 "하늘"로 이해한다면, 이 구절은 "부어 만든 거울처럼" 단단해져서 비를 내릴 수 없게 된 하늘을 시적으로 표현한 것일 수 있다. Cf. E. B. Smick, *Job*, revised by T. Longman III (The Expositor's Bible Commentary) (Michigan: Zondervan, 2010²), 882.

를 갖는 '라키아' 또한 땅위로 끝없이 '펼쳐지는' 하늘의 광활한 공간을 가리키기 위해 사용된 비유적 언어일 수 있다(사 40:22 참조).[67] 히브리어 성경 이사야 42장 5절, 44장 24절, 시편 136편 6절에는 동일한 문장에서 '하늘'(שמים)이 언급됨에도 불구하고 '라카' רקע가 '넓게 펼쳐진 땅'을 묘사하는 말로 사용된다.[68] 이런 점들을 모두 도외시하고 창세기 1장의 '라키아'를 고대 근동세계의 우주론cosmology과 연결하여 하늘의 물을 떠받치는 단단한 물체 또는 반구형 지붕으로 간주하는 것은 대단히 성급한 생각이다.[69]

---

67) Cf. Wenham, *Genesis 1-15*, 20: "... but since the most vivid descriptions occur in poetic texts, the language may be figurative. Certainly Gen 1 is not concerned with defining the nature of the firmament, but with asserting God's power over the waters."

68) 에스겔 1장 26절에서 '라키아'는 하나님의 보좌가 놓여있는 "단"(Platform)을 가리키는 말로도 사용된다. See M. Greenberg, *Ezechiel 1-20* (HTKAT) (Freiburg: Herder, 2001), 72. 그러나 에스겔 1장은 초월적인 세계에 대한 환상을 소개하는 본문인 만큼 그곳의 상징적 표현을 현실세계의 물리적 구조를 다루는 창세기 1장의 내용과 직접적으로 연결하는 데는 신중함이 요구된다.

69) 영커는 구약에서 히브리어 동사 רקע가 사용된 용례들을 살핀 다음 1) 이 동사의 칼 어간 형태는 반드시 금속을 "쳐서 펴는" 일을 가리키지 않으며, 2) 고대 히브리어에서 רקע와 '하늘'(שמים)이 꼭 엄격하게 연결된 것은 아니었으며, 3) 이 동사에 대한 확정적이고 제한적인 정의를 내리려는 시도는 적절하지 않으며, 4) 하늘을 창조하는 행위와 나란히 하나님의 창조적인 행위와 연결될 때 이 동사는 분명하게 "[밖으로] 펴다"("stretch [out]")의 의미를 갖는다고 밝힌다. See R. W. Younker, "The Myth of The Solid Heavenly Dome: Another Look at The Hebrew," *AUSS* 49/1 (2011), 141.

해리스_{R. Laird Harris}는 '라키아'가 다만 "눈에 보이는 하늘의 광활한 공간"_{the visible expanse of the sky}을 의미할 뿐이라고 주장한다.[70] 그는 고대 히브리인들이 오늘날 일반인들이 하늘을 바라보았을 때 갖게 되는 연상들과 다른 어떤 것을 생각하였을 것이라고 보기 어렵다고 하면서 "성경은 하늘의 궁창이 단단하다거나 무언가를 떠받치고 있다고 가르치지 않는다"고 잘라 말한다. 해리스의 견해에 동조하며 카이저_{Walter C. Kaiser}는 '라키아'가 "단단하거나 굳은 둥근 천장_{a solid or hard dome}이란 생각은 히브리어 단어의 의미에서 온 것이 아니라 라틴어 불가타 역본의 *firmamentum* 또는 헬라어 칠십인 역본의 *stereoma*에서 왔다"고 설명한다.[71] 영커_{Richard M Younker}는 히브리어 동사 רקע의 기본적인 의미가 "펴다"_{"expand"}임을 상기시키며, "이 동사에 상응하여 여러 가지 펴진 물체들을 묘사하는 명사 '라키아'는 "광활한 공간"_{"expanse"}으로 번역되는 것이 적절하다"고 말한다.[72] 세일해머_{John H. Sailhammer} 역시 "내러티브가 땅을 윗물과 나누는 단단한 칸막이

---

70) Harris, "The BIBLE AND COSMOLOGY," 15.

71) Kaiser, "A Literal and Historical Adam and Eve?," 78; id., "The Literary Form of Genesis 1-11," 57.

72) Younker, "The Myth of The Solid Heavenly Dome," 141.

나 둥근 천장을 염두에 두었을 법하지 않다"고 말한다.[73] 그는 내러티브가 염두에 둔 것은 오히려 "자연 세계에 대한 인간의 일상적인 경험 – 일반적인 언어로 말해서, 새들이 날고 하나님께서 하늘의 빛들을 두신 장소"라고 설명한다.

그렇다면 창세기 1장에서 '라키아 위'에 있는 것으로 설명되는 "물"은 어떻게 보아야 하는가? 그것은 '라키아'가 물을 떠받치는 단단한 둥근 천장으로 이해되어야 한다는 의미가 아닌가? 반드시 그렇지는 않다. 우선, 창세기 1장에는 '라키아 위'가 새들이 날아다는 공간으로도 묘사된다. 한글 개역개정역에는 "땅 위 하늘의 궁창에는 새가 날으라"고 번역되었으나 히브리어 문장의 의미는 "땅 위 하늘의 궁창 위에 새가 날으라"(ועוף יעופף על־הארץ על־פני רקיע השמים)이다. 이는 창세기 1장 7절의 표현 "궁창 위의 물"에 대하여 다시 생각하도록 만든다. 더 나아가 창세기 1장 14-15절에서 "하늘의 궁창"은 해, 달, 별들이 있는 공간으로 묘사되기도 한다. 이와 같이 창세기 1장에서 궁창 곧 "라키아"가 지시하는 공간은 적어도 둘 이상이다. 그것은 지표

---

73) J. H. Sailhammer, *Genesis* (The Expositor's Bible Commentary) (Michigan: Zondervan, 2010²), 59. Cf. Matthews, *Genesis 1-11:26*, 150.

면에서 그리 높지 않은 새가 날아다니는 공간으로도 묘사되며, (고대인들이 보기에도) 지표면과 말할 수 없이 멀리 떨어진 우주 공간을 묘사하는 말로도 사용된다. 궁창과 관련하여 관찰되는 이런 의미의 유동성은 창세기 1장 7절의 "궁창 위의 물"에 대한 이해를 위해서도 반드시 고려되어야 할 중요한 사항이다. 창세기 1장의 저자에게는 적어도 새가 날아다닐 수 있는 공간으로서의 "궁창 위"와 물이 있는 공간으로서의 "궁창 위"가 서로 모순되게 여겨지지 않았다는 것만은 부인할 수 없는 사실이다.

여기서 "궁창 위의 물"(הַמַּיִם אֲשֶׁר מֵעַל לָרָקִיעַ)이란 표현에서 '물'의 위치를 설명하는 전치사 구(מֵעַל לְ)가 반드시 장소적으로 "위"over or above만을 의미하는 것은 아니라는 점도 언급될 필요가 있다. 역대하 26장 19절에서 그것은 "같은 위치"by or at를 가리키는 표현으로 사용된다: "향단에서/곁에서"(מֵעַל לְמִזְבַּח הַקְּטֹרֶת). 그러므로 창세기 1장 7절의 표현(הַמַּיִם אֲשֶׁר מֵעַל לָרָקִיעַ) 또한 "궁창에 있는 물"로 이해할 수 있다. 이런 이유로 알더스G. C. Aalders는 창세기 1장 7절이 물의 일부는 지표면이라 할 수 있는 "아래 부분에"at a lower level, 물의 다른 일부는 "궁창 자체와 같은 위치에"at the level of the expanse itself 있는 현상을 묘사하는 것으로 이해한다.[74] 이 경우 "궁창 위의 물"은 궁창에서 물을 머금고 있는 구름을 가리키는 것으로 이해될 수 있다. 다음 욥기의 설명이 이 가능성을 지지한다:

> "하나님 앞에서는 스올도 벗은 몸으로 드러나며 멸망도 가림이 없음이라
> 그는 북쪽을 허공에 펴시며 땅을 아무것도 없는 곳에 매다시며
> **물을 빽빽한 구름에 싸시나 그 밑의 구름이 찢어지지 아니하느니라**
> 그는 보름달을 가리시고 자기의 구름을 그 위에 펴시며
> 수면에 경계를 그으시니 빛과 어둠이 함께 끝나는 곳이니라"(욥 26:6-10).

> "네가 목소리를 구름에까지 높여 **넘치는 물**이 네게 덮이게 하겠느냐"(욥 38:34).

> "누가 지혜로 구름의 수를 세겠느냐 누가 **하늘의 물주머니**를 기울이겠느냐"(욥 38:37).

---

74) G. C. Aalders, *Genesis* Vol. 1, trans. by W. Heynen (Michigan: Zondervan Publishing House, 1981), 60.

위의 말씀들은 분명히 하늘의 구름을 궁창의 물로 이해할 수 있는 여지를 마련해준다. 나아가, 궁창의 물이 '물을 머금은 구름'을 의미한다면 알더스처럼 창세기 1장 7절의 히브리어 표현을 굳이 "궁창에 있는 물"을 의미한다고 애써 설명할 필요도 없어진다.[75] 구름은 현상적으로 보기에 따라 궁창에 있는 것으로 여겨질 수도 있고, 궁창 위에 있는 것으로 생각될 수도 있기 때문이다. 지표면에서 바라볼 때 대류권에 높이 형성되는 구름은 분명히 "하늘 위"에 있는 것처럼 보인다. 여기서 잠언 8장 28절을 참고하는 것이 유익하다. 이 구절은 창조에 대하여 언급하는 만큼 창세기 1장의 창조기사를 이해하는데 도움을 주는 중요한 자료이다.

בְּאַמְּצוֹ שְׁחָקִים מִמָּעַל בַּעֲזוֹז עִינוֹת תְּהוֹם

"그가 **위의 구름**을 견고하게 하시며, **깊음의 샘들**을 힘 있게 하실 때"

이 구절에서 관찰할 수 있는 바와 같이 "구름"이 "깊

---

75) 사실상, 알더스가 주목하는 전치사 구(מִמַּעַל ל)는 장소적으로 '위'를 가리키는 표현으로 사용되는 경우도 있다(삼상 17:39; 대하 13:4; 느 12:31, 37; 욘 4:6; 말 1:5).

음의 샘들"과 대구를 이룬다. 이 대조는 구약에서 "구름"이 "물"(비)의 출처로 간주된다는 점을 상기하면 더욱 뚜렷해진다(신 28:12; 삿 5:4; 왕상 18:44-45; 전 11:3; 사 5:6 참조). 잠언의 저자는 여기서 하늘 위의 "물"과 하늘 아래 깊음의 "물"을 대조하고 있는 것이다. 이런 대조는 창세기 1장 7절에서 창세기 저자가 "궁창 위의 물"과 "궁창 아래의 물"을 대조하는 것과 동일하다. 또한 그것은 노아홍수 기사에서 하늘에서 쏟아지는 물("하늘의 창문들이 열려")과 땅에서 솟아오르는 물("큰 깊음의 샘들이 터지며")을 대조하는 것과 유사하다(창 7:11). 이런 유사성에 근거하여 창세기 1장 7절에 언급된 "궁창 위의 물"(הַמַּיִם אֲשֶׁר מֵעַל לָרָקִיעַ)은 잠언 8장 28절에 언급된 "위의 구름"에 해당한다고 말하는 것은 전혀 억지가 아니다. 그것은 또한 욥기에서 "빽빽한 구름"에 싸여있는 것으로 묘사되는 "하늘의 물"을 가리킨다. 다음은 세일헤머의 설명이다:[76)]

---

76) Sailhammer, *Genesis*, 59. 같은 견해를 카일(Carl F. Keil)에게서도 발견할 수 있다: "Die Wasser unterhalb der רָקִיעַ sind die irdischen, auf dem Erdboden befindlichen, die oberhalb derselben die himmlischen d.h. die auf den Luftschichten des Dunstkreises schwebenden und durch dieselben von der Erde geschiedenen Wassermassen, welche sich in Wolken sammeln und diese ihre Schläuche durchbrechend als Regen auf die Erde herabströmen; nicht etwa oberhalb der Grenzen der Erdatmosphäre flutende ätherische

"하늘 '위의 물'은 구름을 가리키는 말일 가능성이 크다. 이는 나중의 성경본문들에서 볼 수 있는 이 본문에 대한 묵상이 보여주는 관점인 것 같다. … 신명기 33:26은 '하늘'을 '구름'과 동일시한다(시 36:6; 사 45:8; 렘 51:9를 보라). 잠언 8:28의 저자 역시 시편 78:23과 마찬가지로 창세기 1장의 '궁창'과 '그 위의 물'을 '구름'(šᵉḥāqîm)을 가리키는 말로 이해하였다."

창세기 7장 11절과 같이 궁창에 창문이 나 있는 것처럼 묘사되는 본문도 오해되어서는 안 된다. '라키아'*raqia*가 하늘 위의 물을 떠받치는 둥근 천장이라고 주장하는 이들은 궁창에 창문이 있는 것처럼 말하는 본문을 고대 히브리인들의 우주관을 반영하는 것으로 이해한다. 즉, 하늘 위의 물을 떠받치는 "단단한 천장"에 창문들이 나 있고 이 창문들을 통해 비나 눈이 내린다는 사고가 고대 히브리인들에게 있었다는 것이다. 그러나 구약의 다른 곳을 살펴보면 하늘의 창문이 비유적으로 사용된 많은 예들을 찾아볼 수 있다(왕하 7:2; 사 24:18; 말 3:10). 무엇보다도 구약은 구름이

Gewässer." See C. F. Keil, *Genesis und Exodus* (Biblischer Commentar 1) (Leipzig: Dörffling und Franke, 1878), 14-15.

비의 출처임을 분명히 밝힌다(왕상 18:44; 욥 26:8). 따라서 하늘에 창문이 나있는 것처럼 말하는 본문에 근거하여 구약의 우주관을 설명하는 것은 비유적 표현에 대한 오해에 지나지 않는다. 모든 것을 고려할 때, 구약이 고대근동 세계와 "삼층으로 된 우주" a three-storied universe란 관점을 공유하였다는 견해는 더 이상 유지될 수 없다.

끝으로, 창세기와 에누마 엘리쉬가 창조 날들의 순서를 서술함에 있어서 유사성을 보인다는 주장은 어떠한가? 앞에서도 언급한 바와 같이 에누마 엘리쉬는 신들의 탄생에 대한 이야기와 신들끼리의 전쟁에 우선적인 관심을 보인다. 우주의 창조에 관한 이야기는 신들 간의 전쟁에 결부된 부수적인 이야기 같다는 인상을 받는다. 우주의 창조에 관한 이야기라고 하지만 사실 '창조' creation란 단어를 사용하기도 곤란하다. 오히려 기존물질의 '조직' ordering으로 보는 것이 더 낫다. 창세기 1장과 달리 에누마 엘리쉬에는 육일 간의 창조와 같은 시간적 순서에 따라 일어나는 질서정연하고도 체계적인 창조과정에 대한 서술이 나타나지 않는다. 창세기와 마찬가지로 에누마 엘리쉬에도 빛의 창조가 먼저라고 하지만, 후자에는 빛이 다만 신의

한 속성으로 언급될 뿐이다.[77] 빛의 창조에 대한 언급은 어디에도 찾아볼 수 없다.

한마디로, 창세기와 에누마 엘리쉬 사이에는 너무 큰 차이가 있어 사실상 비교가 불가능하다고 해도 과언이 아니다.[78] 유사점들이라고 해보아야 "성질상 언어적인 것이거나 또는 대부분의 경우 동일한 우주에 대한 묘사이기 때문"에 나타나는 정도일 뿐이다.[79] 그럼에도 불구하고 유사점들을 내세워 둘이 같은 부류(신화)에 속한다고 주장한다면, 이는, 오스왈트가 잘 말한 것처럼, 개가 인간처럼 눈, 코, 귀, 입을 가졌다고 해서 그 둘이 같은 부류라고 주장하는 것과 같은 일이다.

위에서 살펴본 바를 정리하면 다음과 같다:

1) 고대성을 이유로 바벨론의 신화들이 창세기에 영향을 주었을 것이라고 생각하는 것은 지나친 단순화이다. 영향의 방향을 결정하는 것은 결코 쉬운 일이 아니다. 두 세계 모두 공통의 역

---

77) Cf. Heidel, *The Babylonian Genesis*, 101-102.

78) Cf. Oswalt, *The Bible among the Myths*, 99-104.

79) See Walton, *Ancient Israelite Literature in Its Cultural Context*, 27.

사적 사건에 대한 나름의 기억을 보존하고 있을 가능성도 얼마든지 있다.

2) 신들의 세계와 현실세계의 무시간적 교차 또는 연속을 믿는 신화적 세계관은 신의 절대적 초월성을 강조하는 성경의 세계관과 완전히 다르다. 구약은 세상을 초월하면서도 시간과 공간 안에서 사람들을 통해 자신의 계획을 일관되게 이루어 가는 거룩하고 주권적인 하나님에 대해 계시한다. 구약에서 과거가 현재와 미래를 이해하는 근거로 제시되는 것은 한분 하나님이 역사를 주관하신다는 독특한 역사이해 때문이다.

3) 구약이 '신들의 싸움을 통한 창조'란 근동의 모티브를 공유하는 것에 대한 예로서 언급되는 가공의 존재 "라합"과 "리워야단"은 사실상 하나님께 적대적인 국가들(이집트, 바벨론)을 가리키기 위한 "상징 언어"figures of speech이다.

4) 창세기 1장은 에누마 엘리쉬와 달리 하나님의 절대적인 창조를 이야기한다.

5) 창세기 1장의 '트홈'Tehom과 에누마 엘리쉬의 '티아맛'Tiamat은 언어학적으로 연결이 곤란하

다. 둘 사이의 관련성은 그들이 공통의 셈족 언어로 소급되는 정도에 지나지 않는다.

6) 창세기 1장의 '라키아'raqia는 하늘 위의 물을 떠받치는 단단한 둥근 천장을 의미하지 않는다. 따라서 그것으로써 창세기가 "삼층으로 된 우주"a three-storied universe란 근동의 세계관을 공유한다고 말할 수 없다. '라키아'는 땅위에 광활하게 펼쳐진 하늘의 공간을 가리키는 비유적 언어이다.

7) 창세기 1장에 언급된 "궁창 위의 물"은 욥기 26:6-10에 소개되고 있는 바와 같이 물을 감싸고 있는 "빽빽한 구름"을 가리킨다. 욥기 38:7은 구름을 "하늘의 물주머니"라고 설명하기도 한다.

8) 창세기와 에누마 엘리쉬 사이의 유사성은 성질상 "언어적인 것이거나 또는 대부분의 경우 동일한 우주에 대한 묘사이기 때문"에 나타나는 현상에 지나지 않는다.

3.3 아담의 타락과 원죄

엔스는 고대근동 사람들에게 있어서 기원의 이야기는 다른 누군가가 아닌 자기 자신들의 이야기를 말하는 데 초점을 맞춘다는 점을 지적하면서 아담 이야기도 사실은 이스라엘 자신의 이야기라고 주장한다.[80] 엔스는 구약에 묘사된 아담 이야기와 이스라엘 이야기 사이의 유사성을 들어 자신의 주장을 정당화한다. 다음은 엔스가 둘 사이의 유사성을 도표화한 것이다:[81]

이스라엘	아담
출애굽을 통한 이스라엘의 창조	흙으로 아담의 창조
계명(모세의 율법)	명령(생명나무)
가나안 땅	에덴 동산
포로/죽음으로 이어진 불순종	포로/죽음으로 이어진 불순종

이 비교는 어느 정도 타당하다. 그러나 이 비교에 근거하여 아담의 역사성을 부정하고 아담이 단지 "태고의 시대"primordial time로 옮겨진 이스라엘일 뿐이라고 주장하는 것은 지나친 일이다. 사실 하나님과의 관계에서 아담의 지위와 역할은 이스라엘의 그

---

80) Enns, *The Evolution of Adam*, 69.
81) Enns, *The Evolution of Adam*, 66.

것과 일치하는 면이 많기에 이스라엘을 '제 이의 아담'the second Adam이라고 불러도 될 정도이다. 그러나 이는 아담 이야기가 아스라엘 자신의 이야기로 창작되었기 때문이 아니다. 그것은 세상을 창조하시고 역사를 이끄시는 하나님의 계획의 일관성 때문에 나타나는 현상이다. 다시 말해 태초에 아담을 지으신 하나님의 창조의도가 역사 속에서 이스라엘을 일으키신 하나님의 의도로 고스란히 이어지는 까닭에 둘 사이에 유비관계가 성립된다. 그럼에도 불구하고 엔스가 창작된 아담 이야기를 말하는 까닭은 진화론과의 조화를 위해서이다.

아담과 이스라엘의 동일시는 구약전반에 나타나는 보편적 관심과도 배치된다. 창세기 5장과 10장의 계보는 온 땅의 모든 백성들이 노아에게서 나왔으며 노아는 다시금 아담에게서 나왔다는 사실을 밝힌다. 이처럼 창세기는 온 세상에 대한 관심과 함께 시작한다. 창세기에서 그 관심이 이스라엘에게로 좁혀지는 것은 창세기 11장 10절부터 시작되는 셈의 계보에서부터이다. 그러나 여기서도 온 세상에 대한 관심이 사라지는 것은 결코 아니다. 오히려 이스라엘 민족의 형성 자체가 "땅의 모든 족속"(창 12:3)을 위한 것임이 강조된다. 시내산 언약이 체결될 당시 하나님은 세상의 모든 민족들을 위해 제사장 역할을 하는 것이 이스라엘의 민족적 소명이라고 말씀하셨다(출 19:5-6). 정복전쟁 당시에는 기생 라합이나 기브온 족속과 같은 가나안 원주민들이 이스라엘 민족으로 편입되었으며 심지어 다윗왕조의 창시자 다윗의 증조모가 모압 여인이었다는 사실은 구약이 편협한 민족주의에 갇힌 책이 아님을 잘 드러낸다. 구약을 지배하는 보편적 관심은 선지서에서도 두드러진다(사 19:24-25 참조). 따라서 아담을 인류의 조상으로 읽는 것은 구약의 보편적 관심이 강력히 요구하는 바이다.

엔스는 아담이 인류의 조상이며 그로 인해 세상에 죄가 들어왔다면 구약이 왜 아담과 그의 범죄에 대해 그처럼 침묵하느냐고 반문한다. 여기서 구약기록의 성격에 대해 생각해보아야 한다. 구약은 죄의 기원과 해결에 관한 문제를 철학적, 신학적 논증을 통해 규명하고자 하는 책이 아니다. 구약은 역사기술이란 매체를 통해 그런 문제들을 다룬다. 구약은 창조로부터 시작되는 역사의 흐름을 시간적 순서에 따라 추적하기에 기록자는 앞서 기술된 과거의 이야기를 거듭 반복할 필요를 느끼지 않는다. 그에게 앞에 기술된 역사는 뒤따르는 역사의 뿌리로서 당연한 것으로 전제되어 있다. 무엇보다도 아담 이야기가 문학적 구성상 전략적 위치인 구약의 시작 부분에 위치하는 것은 이 이야기가 후속하는 모든 역사의 흐름을 결정한다는 사실을 강하게 암시한다. 이는 기독교 신학에서 오랫동안 "원복음"proto-evangelium으로 이해되어온 창세기 3장 15절의 내용에서 확인할 수 있다: "내가 너로 여자와 원수가 되게 하고 네 후손도 여자의 후손과 원수가 되게 하리니 여자의 후손은 네 머리를 상하게 할 것이요 너는 그의 발꿈치를 상하게 할 것이니라."

위의 구절은 뒤 따르는 역사의 성격을 규정한다. 앞으로 펼쳐질 역사는 뱀의 후손(하나님을 대적하는 악의 세력에 귀속된 자들)과 여인의 후손(뱀의 공격을 받으나 하나님의 은혜를 입은 자들) 사이의 대립과 갈등의 역사가 될 것이며, 이 투쟁의 역사는 여인의 후손에게도 적지 않은 고통과 큰 상처를 남기게 될 것이지만 결국 뱀의 패배로 끝나게 된다는 것이 이 구절의 설명이다. 창세기 3장의 시점에서 볼 때 가깝게는 가인과 아벨의 역사가, 멀게는 이스라엘과 이방민족들의 역사가, 종국적으로는 그리스도를 머리로 하는 교회와 세상 역사가

이 투쟁의 구체적인 실례들이라고 할 수 있다.[82] 그런데 여인의 후손이 뱀의 공격을 받는다는 것은 단순히 외적이고 물리적인 차원뿐만이 아닌 내적이고 영적인 차원의 지난한 시련과 환난을 모두 포함한다고 보아야 한다. 따라서 여인의 후손들조차 악의 영향에서 자유롭지 못하며, 비록 잠정적인 것이긴 하지만 악에 깊이 연루될 수밖에 없는 처지에 놓이게 된다는 것이 이 구절에서 이끌어낼 수 있는 자연스런 결론이다. 그러므로 창세기 3장 이후에 펼쳐지는 인간역사가 아담의 범죄를 전제하고 있다는 말은 결코 과장이 아니다.

구약에는 아담의 범죄가 구체적으로 언급된 곳도 있다. 호세아 6장 7절이 대표적이다: "그들은 **아담처**

---

[82] 치솜(Robert B. Chisholm)은 창세기 1-3장의 내용이 인류가 겪는 여러 문제들(출산의 고통, 노동의 수고, 육체의 죽음 등)의 원인을 설명하다는 점에서 "원인론적 모티브"(etiological motifs)를 갖는다고 설명한다. 궁켈(Hermann Gunkel)과 그의 추종자 모빙켈(Sigmund Mowinckel)과 같은 학자들은 "원인론"(etiology)이 현재의 실재가 어떻게 생겨났는가를 설명하고자 하는 인간의 호기심(human curiosity)에서 나온 것인 만큼 그 내용이 비역사적일 수밖에 없다고 주장한다. 그러나 치솜은 골카(Friedmann, W. Golka), 치일즈(Brevard S. Childs), 로스(Allen P. Ross), 스턴버그(Meir Sternberg) 등과 같은 학자들의 관점을 좇아 소위 "원인론"에 나타나는 "역사성의 수사"(the rhetoric of historicity)를 진지하게 받아들여야 하다고 주장한다. 치솜에 따르면 창세기 1-3장에 나타나는 원인론적 모티브들은 "근본적 실재의 본질적 역사성"(the essential historicity of the foundational realities)을 전제한다. See Chisholm, "Etiology and Its Implications," 29-33.

럼 언약을 어기고 거기에서 나를 반역하였느니라." 엔스는 이 구절의 '아담'을 여호수아 3장 16절에 언급된 요단 계곡의 한 도시 이름이라고 주장한다: "그들은 **아담에서** 언약을 어기고 거기에서 나를 반역하였느니라."[83] 이 주장은 이어지는 맥락에서 길르앗, 세겜과 같은 지명이 계속 등장하므로 일면 타당해보이기도 한다. 더욱이 이곳에 사용된 장소의 부사 '샴' שָׁם('거기서')은 아담을 장소로 이해하도록 요구하는 것같다. 유일한 걸림돌은 아담 앞의 전치사 כְ이다. 하지만 כְ('~처럼')를 בְ('~에서')에 대한 오기(誤記)로 보면 이 걸림돌 역시 말끔히 제거된다. 하지만 이런 방식은 아무래도 해석자의 관점에 본문을 억지로 끼어 맞춘다는 인상을 준다. 굳이 전치사를 바꾸지 않더라도 의미가 잘 통하기 때문이다. 더 큰 문제는 구약의 다른 곳에서 아담이 이스라엘의 신앙역사에서 중요한 장소로 언급된 경우가 없다는 사실이다. 이스라엘 백성이 아담에서 언약을 어긴 반역행위를 하였다는 증거 또한 나타나지 않는다.

맥코미스키Thomas E. McComiskey는 호세아서에서 지명이 소개되는 방식은 다양하므로 – 어떤 경우에

---

83) See Enns, *The Evolution of Adam*, 83-84.

는 두 이름이 짝으로 언급되는가 하면(4:15; 5:1-2; 9:6; 10:7-8), 네 개의 서로 다른 이름이 연속으로 나타나기도 하고(5:8), 경우에 따라 하나의 이름이 반복해서 나타나기도 한다(10:9) – 여기서도 뒤이어 나타나는 도시이름 때문에 앞에 나오는 이름 '아담'까지 도시 이름으로 보아야 할 필요는 없다고 말한다.[84] 그렇다면 장소의 부사 "거기서"(히브리어로는 שָׁם)는 어떻게 이해하여야 하는가? 문제의 해결을 위해 시편 14편 4-5절을 참고할 필요가 있다:

> 14:4 죄악을 행하는 자는 다 무지하냐 그들이 떡 먹듯이 내 백성을 먹으면서 여호와를 부르지 아니하는도다
> 14:5 그러나 **거기서** 그들은 두려워하고 두려워하였으니 하나님이 의인의 세대에 계심이로다

이 시에는 장소나 지명이 나타나지 않는다. 다만 죄인들의 악한 행실이 소개될 뿐이다. 그럼에도 불구하고 5절에 장소의 부사 '샴'(שָׁם)이 사용된다. 따라서 "샴"(שָׁם)은 4절에 언급된 악인들의 행실을 가리키는

---

[84] See T. E. McComiskey, "Hosea," in id. (ed.), *The Minor Prophets. An Exegetical and Expository Commentary* (Michigan: Baker Academic, 2009), 95.

것으로 이해되어야 한다. 즉, '샴'(שָׁם)은 4절에 소개된 죄인들의 악행이 자행된 장소를 염두에 둔 표현이거나 악인들의 행위 자체를 장소적/공간적 개념을 사용하여 표현한 말이다: "4절에 묘사된 행위에서"("bei dem in 4 geschilderten Tun").[85] 호세아 6장 7절에서도 같은 설명이 가능하다. 여기서도 '샴'(שָׁם)은 이스라엘 백성들이 아담처럼 언약을 어긴 어떤 장소(벧엘이나 길갈 등)를 가리키든지 아담처럼 언약을 어긴 일 그 자체를 장소적/공간적 개념을 사용하여 표현한 말일 수 있다: "아담처럼 언약을 어긴 일(거기)에서..."[86] 그러므로 호세아 6장 7절이 아담의 범죄를 언급하지 않는다고 보아야 할 어떤 이유도 없다. 호세아의 아담은 창세기의 아담을 가리킨다.[87]

호세아를 비롯한 구약성경이 아담의 범죄를 이야

---

[85] H. -J. Kraus, *Psalmen 1-59* (BK XV/1) (Neukirchen-Vluyn: Neukirchener Verlag, 1978⁵), 246.

[86] 카일은 שָׁם이 "불신실한 배교의 장소"이자 "우상숭배의 장소인 벧엘"을 가리킨다고 말한다. See C. F. Keil, *Die zwölf kleinen Propheten* (Leipzig: Dörffling und Franke, 1873), 71.

[87] 에스겔 28:12-19에서도 아담의 범죄가 언급된다. 블락(Daniel I. Block)의 설명에 따르면, 이 본문은 완전하게 창조되었으나 범죄하여 에덴동산에서 추방당한 아담을 묘사하면서 아담의 타락 이야기를 모티브로 삼아 두로 왕의 범죄행위를 고발한다. See D. I. Block, *The Book of Ezekiel. Chapters 25-48* (NICOT) (Michigan: Eerdmans, 1998), 37-42.

기한다면 '원죄교리'doctrine of original sin에 대해서는 어떠한가? 구약은 과연 아담을 통해 세상에 죄가 들어오고 그의 범죄로 인해 인류 전체가 죄에 감염된 상태로 태어난다고 가르치는가? 엔스는 "구약에 아담의 불순종이 보편적인 죄와 사망과 저주의 원인이라는 어떤 암시도 없다"고 말한다.[88] 엔스는 하와에게 내려진 출산의 고통, 땅의 저주, 아담에게 선고된 수고와 땀 흘림이 수반되는 노동과 죽음의 형벌이 아담 이후 모든 인류에게 해당된다는 것을 인정하면서도 최초의 경고("네가 먹는 날에는 반드시 죽으리라")에 대해서는 그렇게 생각하지 않는다. 그것은 영적 죽음이 아닌 장소의 이동(에덴동산에서의 추방)을 가리킬 뿐이다.[89] 엔스에 따르면, 아담의 범죄는 하나님과의 관계에서 후손들에게 어떤 영향도 주지 않는 개인적인 문제에 지나지 않는다. 가인의 범죄 역시 전적으로 그 자신의 선택에 따른 것으로서 아담의 범죄와 그 어떤 인과적 연관관계가 없다.

엔스의 주장이 과연 옳은 것일까? 아담의 범죄기

---

88) Enns, *The Evolution of Adam*, 82.
89) 엔스는 '바벨론 포로'를 이스라엘의 민족적 죽음으로 이해한 에스겔서의 내용(겔 37:11-17 참조)에 근거하여 자신의 주장을 정당화한다. See Enns, *The Evolution of Adam*, 67.

사를 담고 있는 창세기 3장은 이 문제에 대하여 무엇을 말해주는가? 먼저 아담이 지은 죄의 성격과 그 결과에 주목해야 한다. 아담은 "선과 악에 대한 지식의 나무" 실과를 먹는 것이 하나님께서 금하신 일임을 잘 알고 있었다(창 2:17 참조). 그런 그에게 뱀이 접근하여 숨겨진 비밀을 폭로하는 양 말하였다. 하나님의 금지명령이 실은 인간을 견제하려는 – 인간이 하나님처럼 되기를 원치 않는 – 숨은 의도 때문에 주어졌다는 말이 그것이다. 아담이 이 말을 듣고서 금지명령을 어겼다는 사실은 그의 심리상태에 대해 많은 것을 시사한다.

엔스가 곡해한 것처럼 아담은 그저 순진하게 뱀의 말에 속아 넘어가 '바람직한 일'을 '잘못된 방식'으로 이루려 했던 것이 아니다. 엔스에 따르면, 인간이 선과 악에 대한 지식을 하나님처럼 온전하게 갖게 되는 것은 바람직한 일일 뿐만 아니라 하나님의 뜻이기도 하다. 아담에게 문제가 되는 것은 다만 그것을 이루기 위해 선택한 잘못된 방식(하나님의 말씀을 어긴 것)일 뿐이다. 그러므로 아담의 범죄는 오만하게 하나님처럼 되고자 한 반역과는 거리가 멀다.[90] 그러나 이런 주장

---

90) See Enns, *The Evolution of Adam*, 88-92.

은 본문에 명확하게 기록된 내용과 반대된다. 아담은 비록 거짓말이긴 하지만 인간이 자신처럼 되기를 원하지 않는 것이 하나님의 의도라는 말을 뱀에게서 들었다. 그럼에도 불구하고 하나님처럼 된다는 말에 혹하여 하나님이 엄하게 주신 금지 명령을 어겼다. 이는 아담이 하나님의 강력한 의지를 거스르면서까지 하나님처럼 되고자 했다는 명백한 증거이다. 이런 일을 두고 어찌 반역이 아니라고 말할 수 있겠는가?[91]

아담은 분명 뱀의 거짓말에 이끌려 반역의 정신을 품게 되었고 반역적인 행위를 하였다. 주해가가 주목해야 하는 것은 뱀의 유혹으로 인해 아담에게 생겨난 심리적, 정신적 변화이다. 그것은 자기에게 허락되지 않는 것을 부당한 방식으로 취한 탐욕과 반역의 정신이다. 이와 같은 심리적 변화는 금지 명령을 어긴 이후 그의 태도에서 외부적으로 표출된다: "이에 그들의 눈이 밝아져 자기들이 벗은 줄을 알고 무화과 잎을 엮어 치마로 삼았더라"(창 3:7). "눈이 밝아졌다"는

---

[91] Cf. J. W. Mahony, "Why an Historical Adam Matters," *SBJT* 15.1 (2011), 73: "It is first a complete renunciation of his Creator in total rebellion against him. He asserted his rights over the rights of the Creator. In this way, sin began as idolatry(note the parallel effect in the race, Rom 1:18-32); Adam chose to serve another god."

말은 아담과 하와에게 일어난 내적 변화를 암시한다. 그들에게는 이전에 알지 못했던 새로운 인식작용이 생기게 되었다. 그것은 결핍과 수치에 대한 인식이다. 이 새로운 인식작용으로 인해 아담과 하와는 결핍을 채우고 수치를 가리기 위한 노력을 스스로 기울기 시작하였다. 말하자면 그들은 이제 하나님과 동료 인간으로부터 자신을 숨기고 스스로를 보호하고자하는 자기중심적이고 이기적인 존재가 되었다. 한 마디로 그들은 "벗음"에 대한 인식으로 특징지어지는 새로운 존재방식을 가지게 되었다.[92]

여기서 범죄 후 아담과 하와의 상태에 대한 하나님의 평가에 주목할 필요가 있다: "여호와 하나님이 이르시되 보라 이 사람이 선악을 아는 일에 우리 중 하나 같이 되었으니 그가 그의 손을 들어 생명 나무 열매도 따먹고 영생할까 하노라"(창 3:22). 얼핏 보기

---

[92] "벗었다"에 상응하는 히브리어 단어는 '에롬'(עֵירֹם)이다. 그런데 흥미롭게도 뱀의 특성을 묘사하는 말 "간교하다"에 상응하는 히브리어 단어는 '아룸'(עָרוּם)이다. 이는 우리들로 하여금 구약성경에 종종 나타나는 수사법(소리의 유사성이 불러일으키는 연상을 통해 의미를 전달하는 기법)을 생각하게 만든다(렘 1:11-12; 암 8:2). 그러므로 '에롬'과 '아룸'은 죄를 범하여 '벗은' 것을 수치스러워하게 된 아담의 심리적, 정신적 상태가 '간교한' 뱀의 특성과 닮았음을 나타내기 위해 의도적으로 선택된 말일 가능성이 있다. Cf. Mathews, *Genesis 1-11:26*, 239.

기에 이 평가는 "선과 악에 대한 지식의 나무" 열매를 먹을 경우 눈이 밝아져 하나님처럼 될 것이라는 뱀의 말이 옳다고 인정하는 것처럼 보인다. 그러나 사실은 그렇지 않다. 그 평가는 그들이 하나님처럼 완전케 되었다는 의미가 아니다. 그것은 인간이 선과 악을 분별하는 일에 있어서 하나님처럼 독립적이고 자율적인 존재가 되었다는 의미이다. 폰라드Gerhard von Rad가 잘 설명한대로 이제 "인간은 종속관계에서 벗어나 순종을 계약해지하고 자기 뜻대로 독립하였다. 더 이상 순종이 아닌 자율적 지식과 의지가 삶의 원리가 되었으며, 그에 따라 인간은 사실상 스스로를 피조물로 이해하지 않게 되었다."[93] 따라서 아담은 하나님과의 관계에서 반역자가 되고 적(敵)이 되었다고 해도 지나친 말이 아니다(롬 5:10; 엡 2:16 참조).

정신적, 영적 차원에서 아담의 범죄가 가져온 이 극적인 변화를 고려하면 "네가 먹는 날에는 반드시 죽으리라"(창 2:17)고 한 경고의 의미가 무엇인지 밝혀진다. 엔스는 이 말이 단지 육체적 죽음과 낙원에서의 추방을 의미할 뿐이라고 주장한다. 그러나 앞에서

---

93) G. von Rad, *Das erste Buch Mose* (ATD) (Berlin: Evangelische Verlagsanstalt, 1949), 78.

살펴본 바에 따르면 그 경고는 무엇보다도 범죄로 인해 아담과 하와에게 나타난 정신적, 영적 변화와 관계된다고 보아야 한다. 아담과 하와가 뱀의 말에 귀를 기울이고 손을 내밀어 금지된 나무의 열매를 따 먹는 일이 진행됨과 동시에 그들은 "눈이 열리는" 내적 변화를 경험하였고, 하나님께 의존적인 피조물의 위치에서 하나님께 적대적인 자율적 존재가 되었다. 실로 "네가 먹는 날에는 반드시 죽으리라"고 한 말과 같이 이루어졌다. 구약은 여러 곳에서 하나님이 생명의 원천이며 하나님과의 관계단절은 죽음을 의미한다고 가르친다(신 30:6, 19, 20; 시 36:9; 56:13; 사 55:3 참조). 이 가르침에 비추어 보면 아담의 범죄행위는 생명에서 사망의 영역으로 옮아가는 행위였다는 것이 명백해진다(롬 5:12 참조). 따라서 육체적 죽음과 낙원에서의 추방은 범죄와 동시에 일어난 영적 죽음의 자연스러운 귀결이라고 보는 것이 옳다.

이제 아담의 죄가 후대로 전가되는가의 문제를 생각해보기로 하자. 앞에서 밝힌 대로 엔스는 하와에게 내려진 출산의 고통, 땅의 저주, 아담에게 선고된 수고와 땀 흘림이 수반되는 노동과 죽음의 형벌이 아담 이후 모든 인류에게 해당된다는 것을 인정한다. 그것은 물론 인간의 보편적인 경험이 확인해주는 사실이기도 하다. 그렇다면 같은 원리에 의해 아담과 하와에게 일어난 심리적, 정신적 변화 또한 그들 이후의 모든 인류를 특징짓는 현상이라고 이해하는 것이 자연스럽다. 육체의 죽음이 모든 인류가 아담에게서 물려받은 불행의 유산이듯 영적 죽음 – 하나님을 인정하지 않고 하나님처럼 선과 악의 문제를 마음대로 결정하려는 태도 – 또한 마찬가지란 말이다.[94]

창세기 3장 이후에 펼쳐지는 인류 역사는 인간이 아담과 같은 영적 질병에 걸렸다는 사실을 생생하게 증언한다. 홍수기사는 "사람의 마음이 계획하는 바가 어려서부터 악함이라"(창 8:21)고 밝힌다. 신명기는 사람의 마음에 할례가 있지 않는 한 하나님을 사랑할 수 없다고 가르친다(신 30:6). 다윗은 자신이 "죄악 중에서 출생하였다"(시 51:5)고 고백한다. 예레미야는 "만물보다 거짓되고 심히 부패한 것은 마음이라"(렘 17:9)고 탄

---

94) Cf. J. Scharbert, *Solidarität in Segen und Fluch im Alten Testament und in seiner Umwelt Bd. 1. Väterfluch und Vätersegen* (Bonner Biblische Beiträge) (Bonn: Peter Hanstein Verlag, 1958), 141: "So erklärt er die Wehen der Mutter bei der Geburt der Kinder, die Mühsale um den Lebensunterhalt und Todeslos, aber auch die gegen Godtt gerichtete Gesinnung der Menschen aus einer Tat der Stammeltern, wodurch diese sich von Gott unabhängig machen wollten, sich jedoch statt dessen einen göttlichen Fluch zugezogen haben."

식한다. 무엇보다도 하나님의 말씀에 순종하기를 거듭 실패하는 이스라엘의 역사 자체가 죄악에 함몰되어 있는 인간의 절망적인 영적 형편을 잘 대변한다.

더 나아가 언약공동체의 연대책임을 강조하는 구약의 신학적 특수성에 비추어보더라도 아담의 죄가 인류전체와 관계되는 것은 부인할 수 없는 사실이다. 여호수아 시대에 아간이 '헤렘'(חרם)에 처해진 물건을 취함으로써 공동체 전체가 하나님의 진노를 받고 그에게 속한 모든 것(가족들과 소유물)이 진멸을 당하였다(수 7). 다우베David Daube가 설명하듯 이는 아간뿐만 아니라 그에게 속한 가족들 모두가 그의 죄에 책임이 있고 그의 죄로 오염되었다는 것을 나타낸다.[95] 그런

---

[95] 다우베에 따르면 아간의 가족들에게 형벌이 가해진 것은 아간 자신의 처벌을 가중시키는 효과를 낳는다. 다우베는 이런 유의 형벌을 가리켜 "지배자 처벌"(ruler punishment)이라고 부른다. 다우베의 설명을 종합하면 아간의 경우 한편으로는 "공동체 책임"(communal responsibility)이란 차원에서 가족 전체가 가장의 죄에 연루되었으며, 다른 한편으로 "지배자 처벌"이란 차원에서도 가족들에게 형벌이 가해졌다. See D. Daube, *Studies in Biblical Law* (Cambridge: Cambridge University Press, 1947), 176. 포터(J. R. Porter)는 아간의 죄와 처벌을 다른 방식으로 이해한다. 아간이 여리고에서 훔친 물건은 여호와께 바쳐진 거룩한 물건이다. 거룩한 물건을 부당하게 다룰 경우 그것에 접촉하는 사람과 사물은 부정해진다. 부정한 것을 그대로 두면 전염병처럼 공동체 전체를 감염시킨다. 따라서 아간과 그의 가족들에게 가해진 처벌은 공동체에서 감염의 요소를 제거하는 일과 같다. See J. R. Porter, "The Legal Aspects of the Concept of 'Corporate Personality' in the Old Testament," *VT* 15 (1965), 369-72. 카민스키(Joel S. Kaminsky)도 비슷한 설명을 한

버그Mosche Greenberg는 구약에서 직접적으로 하나님의 위엄을 모욕하는 특별한 죄의 경우 공동체 전체가 연대책임을 지도록 되어있다고 말한다.[96] 다윗에게서도 이런 예를 찾아 볼 수 있다. 밧세바와의 범죄로 인해 온 집안에 하나님의 진노가 임하였으며(삼하 12:7-12) 잘못된 인구조사는 백성들에게 큰 재앙을 불러왔다(삼하 24장). 사울의 경우도 기브온과의 언약(여호와로 맺어진 언약, 수 9:19)을 어겼기에 온 나라에 기근재앙을 불러왔고 마침내 온 집안을 파멸에 이르게 했다(삼하 21:1-14). 이런 예들은 옛 언약공동체 안에서 백성들 상호간과 특히 지도자와 백성 사이에 연대책임의

다: "It is not the concept of חרם alone, but the way in which this idea is related to the larger concept of holiness, that helps one understand why Achan's violation of the חרם led to God's abandonment of Israel and thus to the loss of thirty-six men in the first battle of Ai. When the חרם was brought illicitly into the camp, it violated the rule of camp purity and thus led to God's abandoning the Israelites. This is not an arbitrary act on God's part, but is done because God's environment in the camp is no longer in proper ritual state, which in turn forces the deity to leave. Without divine protection, Israel remains vulnerable to attack." See J. S. Kaminsky, "Joshua 7: A Reassessment of Israelite Conceptions of Corporate Punishment" in S. W. Holloway, L. K. Handy (eds.), *The Pitcher Is Broken*. Memorial Essays for Gösta W. Ahlström (JSOTS 190) (Sheffield: Sheffield University Press, 1995), 345.

96) See M. Greenberg, "Some Postulates of Biblical Criminal Law" in F. E. Greenspahn (ed.), *Essential Papers on Israel and the Ancient Near East* (New York: New York University Press, 1991), 345-46.

원리가 작동하였음을 잘 나타내 보여준다.[97]

따라서 아담과 그의 후손들 사이에도 연대책임의 원리가 작동한다고 보아야 한다. 아담은 하나님과의 관계에서 온 인류를 대표하는 위치에 있다. 그것은 다윗이 하나님과의 관계에서 온 백성을 대표하는 위치에 있는 것과 같은 이치이다. 따라서 다윗의 죄가 더 이상 자신만의 죄가 될 수 없듯이 아담의 죄 또한 그 자신만의 죄가 될 수 없다. 아담의 범죄는 실상 여인의 후손이 와야만 끝날 투쟁의 역사 속으로 인류를 몰아넣었다(창 3:15). 조상이 후손의 운명을 결정하는 이런 예는 노아의 아들들에게서도 발견된다. 노아의 아들 함은 자신의 잘못된 행동으로 그의 후손들 (가나안 사람) 모두에게 저주를 끼친다(창 9:25). 마찬가지로 에서의 후예들은 그들의 조상이 장자의 축복을 잃은 까닭에 거친 에돔 땅에 살아야 하는 운명에 처하게 된다(창 27:39). 무엇보다도 아브라함의 후손들은 아브라함이 받은 약속으로 인해 하나님께 선택받은 백성이 되는 축복을 얻는다. 이 모든 예들은 연대성의 원리가 구약의 사상세계 속에 얼마나 깊이 뿌리내

---

97) Cf. 졸고, "구약에서 보응과 연대책임: 십계명의 제 2계명을 중심으로,"「신학정론」35/2 (2017), 191-225.

리고 있는지를 잘 보여준다. 원죄 개념은 바로 이 구약의 사상세계와 긴밀하게 연결된다. 다음 샤베르트 Josef Scharbert의 설명이 인용할 만하다:

> "원죄에 대한 믿음이 분명하게 표현된 것은 아니다. 하지만 그것은 원역사의 … 배후에 들어있다. 시조(始祖)의 첫 범죄 이후 죄와 저주는 인류의 모든 세대로 파고 들어간다. 그래서 모든 사람이 '어려서부터 악'하다. 죄와 더불어 저주가 엄청난 파괴력을 가지고 역사 속으로 들어왔고 죽음과 부패가 확산되었다. 마침내 하나님 자신이 아브라함의 선택을 통해 개입하셨고 그를 그의 편에 서는 땅의 모든 종족들을 위한 약속의 담지자가 되도록 만드셨다."[98]

지금까지의 논의를 통해 창세기가 아담을 인류의 시조로 소개하고 있으며 아담을 통해 세상에 죄가 들어왔다는 관점을 가지고 있음을 확인하였다. 이제 지엽적인 몇 가지 문제를 다루고 이 장을 끝맺고자 한다. 엔스는 가인이 아내를 얻었을 뿐 아니라 동생 아벨을 죽이고 난 다음 보복을 두려워한 일을 가리키며

---

98) Scharbert, *Solidarität in Segen und Fluch*, 179.

아담이 인류의 첫 조상일 수 없다고 주장한다.[99] 그러나 이 문제에 대하여서는 이미 여러 주석가들Hamilton, Wenham, Mathews, Waltke, Walton이 적절한 대답을 하였다. 그들이 설명하는 것처럼 가인에게는 아벨 외에도 다른 형제들과 자매들이 있었을 가능성이 얼마든지 있다. 그렇지 않으면 가인의 두려움은 미래에 생겨날 친족들을 염두에 둔 것일 수도 있다. 특히 베스트만C. Westermann의 설명에 유의할만하다. 베스트만은 가인이 두려운 나머지 "무심결에 별다른 생각 없이"("unbefangen und unreflektiert") 자신의 막연한 염려를 표현하였을 가능성이 있다고 설명한다.[100] 이 설명이 옳다면 가인의 말을 놓고 다른 사람들의 존재여부를 판단하는 것은 더 이상 의미가 없게 된다.

엔스는 "노아는 의인이요 당세에 완전한 자라"(창 6:9)는 말씀에 의거하여 아담의 모든 후손이 죄 가운데 태어난다는 원죄교리의 가르침을 부정한다.[101] 그러나 엔스는 그 구절을 창세기의 문맥 가운데 읽지 못하였다. 창세기 저자는 그 구절 바로 앞에 "그러나 노

---

99) Enns, *The Evolution of Adam*, 67-68.

100) C. Westermann, *Genesis 1-11* (Biblischer Kommentar 1/1) (Neukirchen-Vluyn: Neukirchener Verlag, 1976²), 423.

101) Enns, *The Evolution of Adam*, 86.

아는 여호와께 은혜를 입었더라"(창 6:8)는 말씀을 덧붙인다. 이는 노아의 의로움이 태생적인 것이 아니라 하나님께 은혜를 입은 결과인 것을 분명히 한다. 홍수 후에 묘사된 노아의 모습은 그 또한 육체의 욕심(술 취함)에 끌리고 무분별하게 행동하는(옷을 벗음) 불완전한 인간임을 확인시켜 준다(창 9:20-21). 아담의 타락 이후 세상 역사는 문제가 많음에도 불구하고 하나님의 은혜로 지속된다는 것이 창세기가 가르치고자 하는 바이다.

이상의 내용을 요약하면 다음과 같다:

1) 구약에서 아담의 지위와 역할이 이스라엘의 그것과 유사하게 묘사되는 이유는 아담이 태초로 옮겨진 이스라엘 자신이기 때문이 아니다. 그것은 아담을 지으신 하나님의 창조의도가 이스라엘에게로 이어지기 때문이다.
2) 구약에 강하게 나타나는 보편적 관심은 창세기의 아담 기사를 보편 인류의 기원에 대한 이야기로 읽기를 요청한다.
3) 구약이 아담의 범죄에 대해 침묵하는 것처럼 보이는 이유는 역사기록의 특성 때문이다. 창

조부터 시간의 순서에 따라 역사를 추적하는 기록자의 입장에서 앞에 기술된 과거사건을 거듭 언급할 필요는 없다. 과거 사건은 후속하는 사건의 원인으로서 언제나 전제되어 있기 때문이다.

4) 호세아 6장 7절이나 에스겔 28장 12-19절은 아담의 범죄를 구체적으로 언급한다.

5) 아담의 죄는 엔스가 주장하는 것처럼 그저 순진하게 뱀의 말에 속아 넘어간 것에 있지 않고 자기에게 허락되지 않은 것(하나님처럼 되는 것)을 부당한 방법(명령을 어김)으로 얻으려고 한 반역행위에 있다.

6) 범죄행위를 통해 아담은 "눈이 밝아지는" 내적 변화를 경험하였다. 이 변화로 인해 아담에게는 "벗음"에 대한 앎으로 특징지어지는 새로운 인식작용이 생겨났다. 그 결과 아담은 스스로 결핍을 채우고 수치를 가리려 애쓰는 자기중심적이고 이기적인 존재가 되었다.

7) "이 사람이 선악을 아는 일에 우리 중 하나같이 되었다"는 평가는 아담이 선과 악을 판단하는 일에서 하나님께 의존적인 피조물의 위치에서

하나님처럼 독립적이고 자율적인 존재가 되었다는 의미이다.

8) 존재의 이런 변화는 하나님과의 관계단절을 가져오며 이는 곧 영적 죽음을 뜻한다. 따라서 범죄와 더불어 일어난 내적 변화는 "네가 먹는 날에는 반드시 죽으리라"(창 2:17)는 경고의 성취에 해당한다.

9) 아담에게서 일어난 하나님과의 관계단절과 영적 죽음은 후손들에게 그대로 전가된다. 이는 하와에게 내려진 출산의 고통, 땅의 저주, 아담에게 선고된 수고와 땀 흘림이 수반되는 노동과 죽음의 형벌이 후손들에게 그대로 전해지는 것과 같은 원리이다.

10) 구약성경의 가르침을 따르면 아담과 그의 후손들 사이에는 긴밀한 연대관계가 존재한다. 이 연대관계에 의해 아담의 후손들도 아담의 죄에 연루된다. 그러므로 교회가 가르쳐온 원죄교리는 성경의 가르침에 부합한다.

11) 가인이 아벨을 죽인 일에 대해 타인의 보복을 두려워한 것은 "무심결에 별다른 생각 없이" 한 막연한 염려의 표현일 뿐이다.

12) 노아가 "의인"으로 인정받은 것은 그가 하나님의 특별한 은혜를 받은 결과일 뿐 그 이상이 아니다. 모든 것을 종합할 때 창세기 1-3장은 분명히 아담이 인류의 시조이며 그를 통해 세상에 죄가 들어왔음을 가르친다.

성경의
권위

4

성경은 성령의 감동으로 기록된 하나님의 말씀이다(딤후 3:16; 벧후 1:21). 성경은 다양한 방식으로 하나님의 백성들에게 신앙과 행위의 규범들을 제공하는 권위 있는 문서이다. 성경은 하나님의 백성들이 하나님과의 관계 속에서 경험한 역사적 사실들을 산문형식의 내러티브로 서술하기도 하고, 그들이 하나님 앞에서 걸어간 삶의 고백을 운문형식의 시로 노래하기도 한다. 이 다양한 기록들 속에서 하나님의 백성은 언제나 매일의 삶을 위한 생명의 양식을 공급 받는다. 그들은 과거의 창조, 출애굽, 가나안 정복, 이스라엘 왕들의 역사에서 하나님이 행하신 크고 놀라운 일들을 확인하며, 그 속에서 오늘과 미래를 위한 하나님의 뜻을 찾는다. 그러므로 성경에서 역사를 제거하는 일은 이 모든 노력에 대한 도전이요 반역이다.

물론 이런 고백적 진술 자체가 오늘날 성경 독자들이 마주하는 모든 질문들과 의문들을 속 시원하게 다 해결해주는 것은 아니다. 여전히 성경에는 이해하기 어려운 난제들이 존재한다. 모든 것을 물질과 인간의 경험으로 환원시키는 과학적 사고가 인간지성을 온통 지배하다시피 하는 오늘의 형편은 하나님의 역사개입에 대해 이야기 하는 성경 내러티브의 내용들을 더욱 더 있는 그대로 받아들기 어렵게 만든다. 피터 엔스가 안타까울 정도로 아담의 이야기를 이스라엘의 이야기로 바꾸어 읽으려고 그토록 심혈을 기울여 애쓴 것은 이런 시대상황을 잘 대변해준다. 엔스는 그런 노력을 통해 복음주의적인 자신의 신앙을 지킬 수 있으리라고 생각하였을 것이다. 하지만 그의 노력이 아무리 절실한 것이었다 할지라도, 그것은 성경이 분명하게 이야기하고 있는 바를 진화론이란 과학의 틀에 끼어 맞추고자 한 어설픈 시도에 지나지 않는다.

창세기의 아담 기사는 인류역사의 시작을 역사기술의 형식을 빌어 이야기해준다. 성경을 권위 있는 하나님의 말씀으로 믿는 하나님의 백성은 이 점을 중요하게 받아들여야 한다. 성경 자체의 증언과 증언의 방식을 도외시하는 것은 결코 현명하지 않으며 신학이

추구해야 할 방향도 아니다. 한 때 엔스가 몸담았던 신학교에서 그보다 몇 세대 앞에 가르쳤던 영E. J. Young 은 이렇게 말한다: "이들 처음 장들[창세기 1-3장]이 역사로 일컬어진다고 하더라도 자기 자신은 그 역사를 믿지 않는다고 말하는 사람이, 그것들은 '심오한 진리'를 담고 있으나 역사로서 이해되도록 의도되지는 않았다고 주장하는 사람보다 훨씬 더 훌륭하고 믿을만한 주해가이다."[102] 이 말에 비추어보면, 엔스는 차라리 창세기 1-3장에 기록된 내용을 '믿지 않는다'고 말했어야 옳았다. 그랬다면 그는 최소한 "더 믿을만한 주해가"라는 평가는 들을 수 있었으리라.

필자는 창세기 1-3장에 기록된 내용이 우주와 인간역사의 기원과 관련하여 실재 일어난 사건을 기록한 역사기록이라고 믿는다. 물론 이 말은 창제기 1-3장의 내용이 오늘날 역사학자들이 과거에 일어난 사실들을 학문적으로 탐구하고 서술한 과학적 역사기록과 그 성격이 같다는 말은 아니다. 성경 기록자는 역사적 정보들을 과학적으로 정확하게 서술하는 일에 주된 관심을 갖지 않는다. 그는 오히려 역사적 사

---

102) E. J. Young, *Thy Word is Truth. Some Thoughts on the Biblical Doctrine of Inspiration*, (Edinburgh: The Banner of Truth Trust, 1997), 165.

건이 갖는 신학적 의미, 즉 역사적 사건이 담고 있는 하나님의 뜻과 경륜을 드러내는 일에 초점을 맞춘다. 이 일을 위해 성경저자는 접근 가능한 여러 경로들을 통해 - 이 경로들에는 구전이나 문서자료뿐 아니라 하나님의 직접적인 계시도 포함 된다 - 자료들을 수집하고, 수집된 자료들을 기록의도에 맞게 선별하며, 선별된 자료들을 적절한 구성적 틀 속에 배열함으로써 전체가 통일성을 갖는 작품이 되도록 한다(눅 1:1-4 참조). 이 과정에서 다양한 수사적 장치들이 사용되었다는 것은 너무도 자명하기에 새삼스럽게 재론할 필요가 없다. 이는 창세기 1-3장의 올바른 이해를 위해 필요한 일이 무엇인지를 알려준다. 그것은 성경저자가 택한 기록방식을 존중하는 일이다.

주해가가 무엇보다도 성경본문을 존중해야 할 이유가 바로 여기에 있다. 엔스가 아담의 이야기를 이스라엘의 이야기로 바꾸어 읽으려 했던 것은 순전히 인간과 우주의 기원에 대한 과학이론과 성경을 조화시키기 위해서였다. 앞에서 강조했던 바와 같이 그런 시도는 결국 실패할 수밖에 없다. 성경 본문의 목소리에 귀 기우리려하기보다 과학이론에 성경을 맞추려는 욕구가 해석자의 관심을 온통 지배하기 때문이다. 무엇이 해석자를 이런 오류에서 지켜줄 수 있을까? 하나님의 말씀에 대한 굳은 신뢰이다. 과학이 아무리 세상의 비밀을 많이 밝혀낼 수 있다고 할지라도, 그것은 과학을 수행하는 인간이 유한한 만큼 유한할 뿐이다. 특히 세상의 기원과 같은 문제 앞에서는 인간의 유한성이 더욱 깊이 고려되지 않으면 안 된다. 문명이 발전하고 시대가 변해도 변하지 않는 것은 하나님의 말씀이다. 이것이 성경 독자들과 해석자들이 무엇보다 성경본문을 존중해야 하는 이유이다. 모든 성경 해석자는 우선 성경본문에 관심을 기울여야 한다는 보스G. Vos의 말에 다시 귀 기울일 필요가 있다:

> "성경은 독자적으로 안으로부터 해석될 권리를 갖는다. 먼저 성경의 자연스러운 의미가 확정되고 난 다음에야 비로소 성경과 과학이 일치되는지 혹은 그렇지 않는지에 대하여 적절한 질문을 할 수 있다."[103]

---

103) G. Vos, *Biblical Theology. Old and New Testaments* (Edinburgh: The Banner of Truth Trust, 2000), 36-37.

참고문헌

한국어

김성수, 『태초에: 창세기 묵상 1』 (용인: 마음샘, 2009).
김진수, "구약에서 보응과 연대책임: 십계명의 제 2계명을 중심으로" 『신학정론』 35/2 (2017), 191-225.
라무뤼, 데니스 O., "역사적 아담은 없다: 진화적 창조론," in M. Barrett/A. B. Caneday 엮음, 『아담의 역사성 논쟁』, 김광남 옮김(서울: 새물결플러스, 2015), 49-93.
성주진, 『사랑의 마그나카르타: 신명기의 언약신학』(수원: 합신대학원출판부, 2005).
월튼, 존 H., "역사적 아담은 있다: 원형적 창조론" in M. Barrett/A. B. Caneday 엮음, 『아담의 역사성 논쟁』, 김광남 옮김 (서울: 새물결플러스, 2015), 131-176;
콜린스, C. 존, "아담은 있다: 오래된 지구 창조론," in M. Barrett/A. B. Caneday 엮음, 『아담의 역사성 논쟁』, 김광남 옮김 (서울: 새물결플러스, 2015), 217-268.
팔머 로벗슨, O., 『선지자와 그리스도』, 한정건 옮김 (서울: 개혁주의신학사, 2007).

외국어

Aalders, G. C., *Genesis* Vol. 1, trans. by W. Heynen (Michigan: Zondervan Publishing House, 1981).
Alter, R., *The Art of Biblical Narrative* (New York: Basic Books, 2011²).
Childs, B. S., *Myth and Reality in the Old Testament* (SBT 27)

(Eugene: Wipf & Stock, 2009).

Chisholm, Jr., R. B., " 'For This Reason': Etiology and Its Implications for the Historicity of Adam," *CTR* 10/2 (2013), 27-51.

Enns, P., *The Evolution of Adam. What the Bible Does and Doesn't Say about Human Origins* (Michigan: Brazos Press, 2012).

Daube, D., *Studies in Biblical Law* (Cambridge: Cambridge University Press, 1947),

Gaster, T. H., "Cosmogony," in *The Interpreter's Dictionary of the Bible* Vol. 1 (Nashville: Abingdon Press, 1962), 1162-1171.

Gordon, C. H., *Before the Bible. The Common Background of Greek and Hebrew Civilizations* (New York: Harper & Row, 1962), 60; id., The Ancient Near East (New York: W. W. Norton, 1965^3).

Greenberg, M., "Some Postulates of Biblical Criminal Law" in F. E. Greenspahn (ed.), *Essential Papers on Israel and the Ancient Near East* (New York: New York University Press, 1991), 333-352.

Habel, N. C., *The Book of Job* (Old Testament Library) (London: SCM Press, 1985).

Hamilton, V. P., *The Book of Genesis Chapter 1-17* (NICOT) (Michigan: Eerdmans, 1990),

_____. *The Books of Genesis Chapters 18-50* (NICOT) (Michigan: Eerdmans, 1995).

Harris, L., "The BIBLE AND COSMOLOGY," *BETS* 5 (1962), 11-17.

Heidel, A., *The Babylonian Genesis* (Chicago: Phoenix Books, 1951²).

Jakobson, T., "THE BATTLE BETWEEN MARDUK AND TIAMAT," *JAOS* 88 (1968), 104-108.

Kaiser, W. C., "A Literal and Historical Adam and Eve? Reflections on the Work of Peter Enns," *CTR* 10/2 (2013), 75-82.

_____. "The Literary Form of Genesis 1-11," in J. B. Payne (ed.), *New Perspectives on The Old Testament* (Waco: Word Books, 1970), 48-65.

Kaminsky, J. S., "Joshua 7: A Reassessment of Israelite Conceptions of Corporate Punishment" in S. W. Holloway, L. K. Handy (eds.), *The Pitcher Is Broken. Memorial Essays for Gösta W. Ahlström* (JSOTS 190) (Sheffield: Sheffield University Press, 1995), 315-346.

Keil, C. F., *Genesis und Exodus* (Biblischer Commentar 1) (Leipzig: Dörffling und Franke, 1878).

Kitchen, K. A., *Ancient Orient and Old Testament* (Illinois: InterVarsity Press, 1966).

_____. "The Fall and Rise of Covenant, Law and Treaty," *Tyndale Bulletin* 40 (1989), 118-135.

Kline, M. G., *Treaty of the Great King. The Covenant Structure of Deuteronomy* (Michigan: Eerdmans, 1963), 43; id., *The Structure of Biblical Authority* (Michigan: Eerdmans, 1972²).

Kraus, H. -J., *Psalmen 1-59* (BK XV/1) (Neukirchen-Vluyn: Neukirchener Verlag, 1978⁵).

Lambert, W. G., "A New Look at the Babylonian Background of Genesis," *Journal of Theological Studies* 16 (1965), 287-300.

Mahony, J. W., "Why an Historical Adam Matters," *SBJT* 15.1 (2011), 60-78.

Matthews, K. A., *Genesis 1-11:26* (NAC 1A) (Nashville: B & H Publishing, 1996).

McComiskey, T. E., "Hosea," in id. (ed.), *The Minor Prophets. An Exegetical and Expository Commentary* (Michigan: Baker Academic, 2009).

Mendenhall, G. E., "Covenant Forms in Israelite Tradition," *The Biblical Archaeologist* (1954), 51-76.

Millard, A. R., "A New Babylonian 'Genesis' Story," *Tyndale Bulletin* 18 (1967), 3-18.

Oswalt, J. N., *The Bible Among the Myths. Unique Revelation or Just Ancient Literature?* (Michigan: Zondervan, 2009).

Porter, J. R., "The Legal Aspects of the Concept of 'Corporate Personality' in the Old Testament," *VT* 15 (1965), 361-380.

Pritchard, J. B. (ed.), *The Ancient Near East. An Anthology of Texts & Pictures* (Princeton: Princeton University Press, 2011).

Rad, G. von, *Das erste Buch Mose* (ATD) (Berlin: Evangelische Verlagsanstalt, 1949).

Ringgren, H., *Die Religionen des Alten Orients* (Göttingen: Vandenhoeck & Ruprecht, 1979), 220.

Sailhammer, J. H., *Genesis* (The Expositor's Bible Commentary) (Michigan: Zondervan, 2010^2).

Scharbert, J., *Solidarität in Segen und Fluch im Alten Testament und in seiner Umwelt Bd. 1. Väterfluch und Vätersegen* (Bonner Biblische Beiträge) (Bonn: Peter Hanstein Verlag, 1958).

Seely, P. H., "THE FIRMAMENT AND THE WATER ABOVE. Part II: The Meaning of" The Water above the Firmament "in Gen 1:6-8," *WTJ* 54 (1992), 31-46.

Smick, E. B., *Job*, revised by T. Longman III (The Expositor's Bible Commentary) (Michigan: Zondervan, 2010²).

Vos, G., *Biblical Theology. Old and New Testaments* (Edinburgh: The Banner of Truth Trust, 2000).

Waltke, B. K., O'Connor, M., *An Introduction to Biblical Hebrew Syntax* (Winoa Lake: Eisenbrauns, 1990).

Walton, J., *The Lost World of Adam and Eve. Genesis 2-3 and the Human Origins Debate* (Illinois: IVP Academic, 2015).

_____. *Ancient Israelite Literature in Its Cultural Context. A Survey of Parallels Between Biblical and Ancient Near Eastern Texts* (Michigan: Zondervan, 1989).

Weinfeld, M., "Traces of Assyrian Treaty Formulae in Deuteronomy," *Biblica* 46 (1965), 417-427.

Wenham, G. J., *Genesis 1-15* (WBC 1) (Nashville: Thomas Nelson, 1987).

Westermann, C., *Genesis 1-11* (Biblischer Kommentar 1/1) (Neukirchen-Vluyn: Neukirchener Verlag, 1976²).

_____. תְּהוֹם in E. Jenni/C. Westermann (Hrsg.), *Theologisches Handwörterbuch zum Alten Testament* Band 2 (Gütersloh: Gütersloher Verlag, 2004⁶), 1026-1031.

Young, E. J., *Studies in Genesis One* (Philadelphia: Presbyterian and Reformed Publishing, 1964).

_____. *Thy Word is Truth. Some Thoughts on the Biblical Doctrine of Inspiration*, (Edinburgh: The Banner of Truth Trust, 1997).

Younker, R. W., "The Myth of The Solid Heavenly Dome: Another Look at The Hebrew," *AUSS* 49/1 (2011), 125-147.